Über dieses Buch Die Autorin stellt einen Bereich der Psychiatrie dar, der wenig beachtet wird – Stationen mit chronisch kranken, langjährig hospitalisierten Frauen. Die Ausgrenzung der Patientinnen in Krankenhäuser außerhalb der Stadt hat viel zu tun mit unserer Angst vor dem Fremden, Bedrohlichen, das Verrücktheit für uns bedeutet.
Das Buch handelt von Frauen auf beiden Seiten der Institution; von denjenigen, die eingeschlossen und damit ausgeschlossen werden, und denjenigen, die mit dem Schlüssel für die Stationstür in der Tasche dort arbeiten.
Nicht medizinische Aspekte stellt Dagmar Bielstein in den Mittelpunkt, sondern alltägliche Themen wie Arbeit, Liebe, Geld, Angehörige. Weiterhin geht es um die unterschiedliche Art der Patientinnen, auf diese Lebensbedingungen zu reagieren, zum Beispiel durch Verstummen, Verweigerung oder Wut. Es wird aber auch deutlich, daß Verbesserungen der Strukturen der Psychiatrie und die Beachtung der Autonomie, Selbständigkeit und Entscheidungsfreiheit der Frauen positive Auswirkungen haben können.

Die Autorin Dagmar Bielstein, Dr. med., hat als Psychiaterin, Neurologin und feministische Psychotherapeutin in unterschiedlichen Institutionen Erfahrungen in der Arbeit mit Frauen gesammelt.

Dagmar Bielstein

Von verrückten Frauen

Notizen aus der
Psychiatrie

Fischer Taschenbuch Verlag

Die Frau in der Gesellschaft
Lektorat: Ingeborg Mues

Originalausgabe
Veröffentlicht im Fischer Taschenbuch Verlag GmbH,
Frankfurt am Main, Januar 1991

© 1991 Fischer Taschenbuch Verlag GmbH, Frankfurt am Main
Umschlaggestaltung: Friederike Simmel
Umschlagfoto: Klaus Elle, Hamburg
Gesamtherstellung: Clausen & Bosse, Leck
Printed in Germany
ISBN 3-596-10261-8

Inhalt

1 Geschlossene Station 7
2 Weniger Geld für die gleiche Arbeit 14
3 Visitensplitter 17
4 Kaffeetrinken am Nachmittag 22
5 Der Aufschwung: Wir planen eine neue Station . 25
6 Über die Schizophrenie und Susanne 29
7 Die Schwestern 36
8 Immer wieder Visite 40
9 Die lieben Familien 47
10 Frauen gemeinsam sind stark – manchmal auch auf der B 9 52
11 Küche, kochen, essen 55
12 Im Nachtdienst bin ich richtige Ärztin 59
13 Frau Warneckes Verweigerungsstrategie 63
14 Krisen – in Tschernobyl und bei Frau Taller . . . 67
15 Der Krampf mit den Psychopillen 71
16 Frau Doktors Mantel stößt auf Kritik 75
17 Sie sorgt für das Essen, er für den Schutz 78
18 Frau Ginsters Alltag 83
19 Gelegentlich tobt Frau Ginster 88
20 Wird die B 9 aufgelöst? 92
21 Böse Folgen von verschlucktem Weißbrot 97
22 ...daß Frau Verburg trotzdem lacht 100
23 Viel Theater, Blutzuckerwerte und Suiziddrohungen 104
24 Abschied ist auch nicht leicht 109
25 Die Angst, selbst verrückt zu werden 114
26 Advent, Advent 118

Für Anna

1
Geschlossene Station

Oktober 84

Jetzt bin ich seit zwei Wochen in der Psychiatrie, als Ärztin natürlich. Demnächst Ärztin für Neurologie und Psychiatrie.
Heute ist Freitag, Wochenende. Auf dem Weg nach Hause fühle ich mich erst ganz euphorisch, Freizeit, das Leben beginnt. Später kommt das Herzklopfen, auch Erschöpfung und Traurigkeit.
Ich bin Stationsärztin auf einer geschlossenen Frauenstation, der A 3. Es ist eine Langzeitstation, auf der die Patientinnen zum großen Teil über Jahrzehnte »untergebracht sind«.
Wie wäre es für mich, auf einer solchen Station zu leben? Eine verschlossene Tür. Ich kann nicht weg. Um die Station zu verlassen, muß ich die Ärztin oder die Schwester um Erlaubnis bitten. Die anderen in weißen Kitteln haben einen Schlüssel und können kommen und gehen, wann sie wollen. Vor den Fenstern sind Gitter. Extreme Enge – Nacht für Nacht in einem Schlafsaal mit 15 Betten, nur ein Wohnraum und ein Eßzimmer für 45 Frauen. Keine Privatsphäre. Ich versuche, mich in eine Frau hineinzuversetzen, die so 10, 20 oder 30 Jahre ihres Lebens verbringt, es ist fast unmöglich.
So könnte es anfangen: Ich spreche oft von Selbstmord, bin verzweifelt, nehme Schlaftabletten, um mich umzubringen. Ich bin der Überzeugung, ein schlechter Mensch zu sein und eine harte Strafe zu verdienen. Als nächstes werde ich meine Ersparnisse verlieren, das spüre ich. Manchmal fühle ich mich wie eine Katze und gebe leise, maunzende Töne

von mir. Ich wasche mich nicht mehr und liege tagsüber oft im Bett. Niemand kann mir helfen. Ich will nicht ins Krankenhaus, aber die anderen halten es für richtig. Nach dem zweiten Selbstmordversuch entscheiden ein Arzt und ein Richter, daß eine stationäre Behandlung auch gegen meinen Willen notwendig ist, und ich werde zwangseingewiesen.
Ich resigniere, ziehe mich zurück, Entlassungsversuche und Therapien scheitern. Meine Gedanken ändern sich nicht, mein Leben hat keinen Sinn mehr, ich will sterben. Ich versuche mehrere Male, mir die Pulsadern aufzuschneiden.
Nach einigen Jahren bekomme ich kaum noch Besuch, mein Leben spielt sich im Krankenhaus ab, meistens auf geschlossenen Stationen. Ich habe immer noch die Vorstellung, eine Katze zu sein.
Ich werde entmündigt. An eine Entlassung ist nicht mehr zu denken, es erfolgt die Verlegung auf eine Langzeitstation. Ich muß auf der Station bleiben, solange der Vormund, die Ärzte, der Richter das für nötig halten. Vormund, was für ein Wort. Er oder sie redet für mich, kaut für mich, küßt für mich? Die weibliche Form ist Vormünderin, wie absurd.
Wenn ich entmündigt bin, kann ich nicht mehr über mein Geld verfügen. Ein fremder Mensch bestimmt darüber, sagt mir, daß ich jetzt 100 DM im Monat bekomme für Süßigkeiten, Tee, vielleicht noch einen Extrabetrag für Bücher. Der Rest wird auf dem Konto verwaltet.
Früher habe ich einmal geträumt, ich bekäme einen Vormund, und mich packte panische Angst dabei. Aber wie gesagt, auch wenn ich völlig verrückt würde, kann ich mir nicht vorstellen, auf dieser Station zu leben. Würde ich mich selbst oder meine Umwelt gefährden, so käme ich sicher in die Universitätsklinik unter die Obhut von Professor Soundso und in ein Einzelzimmer. Die Stationstür wäre vielleicht auch verschlossen. Es gibt Untersuchungen, die zeigen, daß die Selbstmordrate bei PsychiaterInnen weit über dem Durchschnitt liegt...

Die »Unheilbaren«. So wurden Patientinnen von einer Station wie der A 3 in der Zeit des Faschismus bezeichnet. »Bereits im Juli 1939 fand zum ersten Mal eine Unterrichtung von Professoren und Psychiatern und anderen Fachleuten in der Kanzlei des Führers in Berlin statt, in welcher der SS-Führer Victor Brack die Versammelten damit bekannt machte, daß die Absicht bestehe, unter der Bezeichnung ›Euthanasie‹ ein Programm durchzuführen, nach dem in ganz Deutschland Geisteskranke getötet werden sollten. Die Anwesenden wurden aufgefordert, an der Verwirklichung des Programms mitzuarbeiten. Sie erklärten ihre Bereitschaft dazu, mit Ausnahme von Professor Ewald aus Göttingen, der ausdrücklich seine Ablehnung kundgab.«*

Irgendwie macht mir das Mut. Auch mal die einzige zu sein, die nein sagt.

Einige der Patientinnen auf meiner Station waren in den Jahren 1939 bis 1945 bereits in dieser Klinik, sind also Überlebende. Auf dem Einband ihrer Akte steht dick unterstrichen »zwangssterilisiert«.

Während des »Euthanasie-Programms für unheilbar Kranke« wurden in Hadamar und in Schloß Grafeneck täglich ungefähr 70 PatientInnen getötet. Beschämend finde ich die Fragebögen. Alles war so normal, Daten wurden gesammelt, Symptome, Therapie und Erfolg bzw. Erfolglosigkeit genau beschrieben. Die Formulare mußten von den ÄrztInnen mit Schreibmaschine ausgefüllt werden. Alles war mit deutscher Gründlichkeit geplant. Die PatientInnen wurden »verlegt« und oft gleich am nächsten Tag ermordet.

Mein Organisationstalent. Wie hätte ich damals auf einen Fragebogen reagiert? Wir müssen hier doch ständig Fragen

---

* Aus: Alexander Mitscherlich/Fred Mielke, »Medizin ohne Menschlichkeit«, Frankfurt a. M. 1960, S. 287.

beantworten, von den Krankenkassen, den Sozialämtern, den Landkreisen. Wäre ich aufmerksam genug, mutig genug gewesen, meine PatientInnen zu schützen? Mich zu wehren? Es ist so leicht zu sagen, daß wir mit dem Ausfüllen eines Fragebogens keine weitere Verantwortung übernehmen. Und Ordnung muß schließlich sein. Immerhin, die Volkszählungsbögen habe ich nicht ausgefüllt.

Die meisten Frauen auf der Station sind juristisch durch die Entmündigung Kindern gleichgestellt. Die Atmosphäre ist davon geprägt, daß für die Patientinnen »gesorgt« wird. Als Stationsärztin übernehme ich »mütterliche«, vielleicht auch »väterliche« Funktionen für 45 Frauen. Ich fühle mich fremd und unbehaglich dabei, was bedeutet das überhaupt in einer solchen Institution? Ich habe soviel Macht, kann über die geöffnete oder die geschlossene Stationstür, den Tagesablauf, die Medikamente und vieles mehr entscheiden. Die meisten Frauen haben zwar »Ausgang«, können zu bestimmten Zeiten die Station verlassen, aber durch meine Anordnung kann dieses Recht jedesmal neu verweigert, die Tür geschlossen werden. Sind unter solchen Bedingungen therapeutische Ansätze, d. h. auch Ansätze zur Förderung von Selbständigkeit und Autonomie, möglich? Im Vordergrund meiner Arbeit werden wahrscheinlich Veränderungen der Strukturen stehen. Ich will sehen, ob die Station oder zumindest ein Teil der Station geöffnet werden kann. Wo wird es möglich sein, Entscheidungsspielräume für die Patientinnen zu erweitern? Wer könnte entlassen werden?
Die Institution, ÄrztInnen, Schwestern, Vormünder, RichterInnen, aber auch die Eltern der Herkunftsfamilie bestimmen über das Leben der Patientin, sowohl mit äußerlichen als auch mit verinnerlichten Geboten und Regeln. Nicht nur die Stationstür schließt ein.

Frau Ingvers*. Sie ist 33 Jahre alt, wirkt aber viel jünger. Sie spricht und bewegt sich langsam. Ihre schöne, sehr dunkle Stimme fällt sofort auf, vor allem, wenn sie singt. Seemannslieder, Heino-Songs, deutsche Schlager, Weihnachtslieder. Meistens kennt sie alle Strophen auswendig.
Ich frage Frau Ingvers: »Wollen Sie den Tag mit Herrn Behrens verbringen?«
Sie antwortet: »Mein Bruder, der ist tot, der ist mit dem Fahrrad da.«
Später versuche ich es noch einmal: »Möchten Sie mit Herrn Behrens in die Stadt gehen? Er will Sie mitnehmen.«
»Meine Mutter hat gesagt, ich darf das nicht.«
Ihre Mutter war schon seit einem Jahr nicht mehr zu Besuch, hat aber immer Angst, wenn ihre Tochter mit Männern weggeht.
»Was wollen Sie denn selbst?«
»Meine Mutter hat gesagt, ich darf das nicht. Das ist nicht gut für mich.«

Frau Eisenacher ist auch Anfang 30, klein und quirlig, oft voller Ärger und Trotz. Hinter den extrem dicken Brillengläsern sind ihre Augen kaum zu erkennen. Sie hat seit langen Jahren immer wieder Krampfanfälle, kann nicht lesen und schreiben. Aber sie hat viel Durchsetzungsvermögen, ihre Kontaktfähigkeit und ihre Neugier helfen ihr, sich zurechtzufinden.
Sie hat einen Freund, der sie immer wieder überredet, mit ihm von der Station wegzugehen, was sie ziemlich aufregend findet. Er schickt sie dann los, um Lebensmittel zu »besorgen«. Sie nimmt außerhalb der Klinik ihre Medikamente nicht und bekommt Krampfanfälle. Letztes Mal hat sie sich bei einem Sturz am Kopf stark verletzt.

---

* Alle Namen und persönlichen Daten der Patientinnen sind verändert worden.

Der Vater, der auch Vormund ist, ist außer sich. Er will, daß ich der Tochter den Kontakt zu ihrem Freund verbiete. Mühsam versuche ich, herauszuhören, was Frau Eisenacher selbst möchte. Bei einem Gespräch zu viert, zusammen mit ihrem Freund, sitzt sie halb abgewandt von beiden, zeigt ihnen die kalte Schulter. Sie kann nicht formulieren, was wichtig für sie ist. Will sie weiter mit ihrem Freund zusammenbleiben? Will sie es ihrem Vater recht machen? Was fühlt sie?
Und dann – was ist meine Verantwortung als Ärztin? Welche Regeln muß ich aufstellen, und welche Grenzen muß ich setzen?

Frau Ullrich ist eine ungeliebte Patientin, die viel streitet und immer wieder die Stationen wechseln muß. Sie ist ziemlich selbständig, geht häufig allein in die Stadt. Von dort bringt sie sich manchmal Konservendosen mit, weil ihr das Essen in der Klinik nicht schmeckt, oder sie läßt sich von einem praktischen Arzt Medikamente verschreiben. Beides bringt die Ordnung auf der Station durcheinander und erregt Unwillen.
Sie hat mir erzählt, daß ihre 119jährige Stiefmutter, eine böse Stiefmutter, sie schizophren gemacht habe. Die Stiefmutter sitze zu Hause und beeinflusse alle Menschen, mit denen Frau Ullrich zu tun habe – Ärzte, Beamte bei der Stadt, Krankenschwestern, alle seien seelisch vergiftet von der bösen Hexe.
Die Mutter von Frau Ullrich, eine sehr alte Dame, wenn auch keine 119 Jahre, ist jetzt ebenfalls verrückt geworden. Sie meint, ihre Tochter sei ständig bei ihr in der Wohnung und bedrohe sie. Gestern hat sie angerufen und erzählt, ihre Tochter würde gerade das Essen vergiften.

Ich bin dabei, die Fülle von Eindrücken zu verarbeiten. Die Klinik, die PatientInnen, KollegInnen, die neue Arbeit. Die

Strukturen fügen sich noch nicht zusammen. Unwürdige Lebensbedingungen für die Frauen über Jahrzehnte hinweg, Selbstmord, Zwangseinweisung, Entmündigung, Ermordung der »Unheilbaren« im Nationalsozialismus. Verrücktheiten der Töchter, Verrücktheiten der Gesellschaft?

2
Weniger Geld für die gleiche Arbeit

Dezember 84

Innerhalb der Klinik ist der Bereich mit den chronisch Kranken nicht besonders angesehen. Die Räume sind unerträglich. Ein düsterer Flur ohne Tageslicht ist das Zentrum der Station. Rechts liegen zwei Schlafräume, in denen jeweils zehn bis zwölf Betten und die dazugehörigen Nachtschränke stehen. Links führt ein Gang zum Eßzimmer, zu dem riesigen Wohnraum und einem weiteren großen Schlafbereich, in dem einzelne Ecken durch halbhohe Sperrholzwände abgetrennt sind. Körperlich kranken Menschen werden solche Räume nicht mehr zugemutet, wohl aber psychisch kranken, die über Jahrzehnte so leben müssen – nicht nur in dieser Klinik.

Es gibt zwar Pläne zur Renovierung, aber die Bewilligung der Gelder verzögert sich von Jahr zu Jahr. Die Akutstationen für PatientInnen, die nur kurz hier sind, befinden sich in einem Neubau – dort gibt es Zweibett- und Vierbettzimmer, frisch gestrichene Wände und moderne Möbel. Diese Stationen entsprechen zwar auch nicht meinen Vorstellungen, ich finde sie steril, aber sie sind freundlicher als der Altbau mit dem Langzeitbereich.

Ich fühle mich voller Schwung und Ideen. Inge, eine Freundin, arbeitet jetzt mit mir auf der Station als Pädagogin. Sie hat vom Arbeitsamt eine Stelle für zwei Jahre vermittelt bekommen. Inge ist nicht in die medizinische Routine eingebunden, hat auch keine disziplinarischen Funktionen. Sie ist Kontaktperson, Ansprechpartnerin und vermittelt den Patientinnen, d. h. einigen von ihnen, bestimmte Fähigkeiten wie Kochen, Einkaufen, Lesen und Schreiben. Ich finde

ihre Arbeit sehr wichtig. Wir reden viel zusammen, entwikkeln Pläne für die Patientinnen. Mir gefällt ihr Humor, der sich oft auf die Frauen der Station überträgt.
Zur Zeit ärgern wir uns beide darüber, daß die »Arbeitsprämien« für die PatientInnen gekürzt werden sollen. Viele PatientInnen, insbesondere diejenigen aus dem Langzeitbereich, arbeiten regelmäßig – und gut – in den Werkstätten der Klinik wie Tischlerei, Schneiderei, Gärtnerei, der Küche oder in einem Raum, wo Schraubenzieher und Wäscheklammern zusammengesetzt werden. Zum Teil tragen sie erheblich zum Funktionieren des Großkrankenhauses bei. Ausgebildete Arbeitstherapeuten gibt es nicht. Der Ausdruck Arbeitstherapie erscheint mir ohnehin absurd, wenn eine Patientin seit 20 Jahren in der Küche Kartoffeln schält.
Frau Eisenacher arbeitet z. B. 25 Stunden in der Woche in der Nähstube. Wenn sie nicht gerade mit ihrem Freund »entwichen« ist – wie es hier heißt –, flickt sie Geschirrtücher, Bettwäsche oder Hemden. Sie ist ziemlich geschickt dabei und verdient ca. 280 DM im Monat, das ist der Höchstlohn. Von diesem Geld darf sie in Zukunft nur noch 150 DM selbst behalten. Die Kosten für die PatientInnen, die schon lange da sind, trägt nicht mehr die Krankenkasse, sondern eine Landesbehörde. Jetzt gibt es eine gesetzliche Regelung, daß eigener Verdienst, der eine Höhe von 150 DM überschreitet, dort einbehalten wird. 280 DM sind ohnehin nicht viel, aber plötzlich halbiert sich das Geld. Essen, Wohnen, Kleidung und ein geringes Taschengeld werden zwar für die PatientInnen bezahlt, aber alles sehr knapp. Ihr Verdienst ist ein zusätzlicher Betrag für sie.
Die meisten ÄrztInnen bei uns sind über die Kürzung genauso empört wie ich. Wir haben auf mehreren Konferenzen diskutiert und wollen versuchen, die Durchsetzung dieser Regelung zu verhindern. Gestern fand ein Gespräch mit dem Verwaltungsleiter statt, der uns zwar zugestimmt hat,

sich aber auf die gesetzlichen Bestimmungen beruft. Auf den Stationen unterstützen wir die PatientInnen, wenn sie sich beschweren oder bei Gericht klagen wollen.

Für manche der Patientinnen von der A 3 ist die Arbeit ein wesentlicher Bestandteil ihrer Identität. Dort werden sie gebraucht, verdienen etwas Geld, bekommen Anerkennung für ihre Leistungen, es entwickeln sich soziale Kontakte. Andere lehnen es ab, einer regelmäßigen Tätigkeit nachzugehen. Aber es gibt für eine Langzeitpatientin sonst wenig Bereiche, die Anerkennung versprechen. Geliebte, Ehefrau oder Mutter – diese Rolle wurde nie gewollt oder ist nicht mehr möglich. Manche Frauen wollten nicht heiraten, waren Einzelgängerinnen, fühlten sich fremd oder ausgeschlossen und kamen mit ihrer Andersartigkeit in dieser Gesellschaft nicht zurecht. Bei anderen ist der Kontakt zu den Ehemännern und den Kindern abgebröckelt oder auf seltene Besuche beschränkt. Liebesbeziehungen innerhalb der Klinik sind eher selten. Die meisten leben allein.

Ungewöhnlich ist diese Lebensweise, zum Teil durch äußere Umstände erzwungen, zum Teil ein Verstoß gegen Normen, die nicht passen.

3
Visitensplitter

Januar 85

Inzwischen arbeite ich fast vier Monate hier. Ich habe mich eingelebt, manches ist selbstverständlicher geworden, die Gitter vor den Fenstern, die großen Schlüssel, die vielen Patientinnen.
45 Frauen in drei Schlafräumen. Es heißt immer, »die Station hat 45 Betten« oder »habt ihr noch ein Bett frei?«. Das Bett, der einzige verbliebene private Raum. Daneben noch ein Wäschefach, ein Nachttisch, für einen eigenen Schrank ist meistens kein Platz mehr.

Frau Ullrich mit der 119jährigen Stiefmutter habe ich auf eine offene Station »verlegt«. So heißt es hier im Krankenhaus, aber natürlich war es so, daß sie ihre Sachen gepackt hat und dann zur anderen Station gelaufen ist. Außerdem war es ihr Wunsch, den ich aufgegriffen habe. Ein Stationswechsel ohne Zustimmung der Patientin ist meistens relativ sinnlos, weil nach kurzer Zeit eine Verrücktheit passiert und sie wieder auf die alte Station zurückkommt. »Verlegen«, dabei sträuben sich meine Nackenhaare, es klingt wie das Verschieben von Waggons auf dem Güterbahnhof.
Als sie ging, freuten sich die Krankenschwestern und auch die meisten Mitpatientinnen, die sie ständig beschimpft hat. Für Frau Ullrich waren die anderen Patientinnen die Agentinnen ihrer Stiefmutter, denen sie nicht trauen konnte. Gelegentlich verhandelte sie mit dem Wohnungsamt und dem Sozialamt, um ihre Entlassung vorzubereiten. Häufig kam sie schimpfend zurück, weil sie das Gefühl hatte, ihre Stiefmutter beeinflusse die Beamten. Aber wer weiß, vielleicht

schafft sie es eines Tages, draußen zu leben – auch mit ihrer Verrücktheit. Bei ihrem Wechsel auf die neue Station fühlte sie sich im 14. Monat schwanger. Da ich als neue Ärztin bisher noch keine böse Agentin bin, hat sie mir zum Abschied ein schönes selbstgemaltes Bild geschenkt.
Frau Eisenacher, die immer mit ihrem Freund weglief, wird ab Februar in einem Heim für geistig und körperlich Behinderte leben. Ihr Vater hat sich um diesen Platz bemüht. Ich bin zwar etwas skeptisch, ob sie dort genug gefördert wird, aber es ist einen Versuch wert. Von ihrem Freund hat sie sich getrennt, zur Freude des Vaters.

Ich kenne inzwischen die Patientinnen besser, aber ihr früheres Leben wird mir nur bruchstückhaft klar. Heimatstadt, Freundeskreis, Beruf, alles liegt Jahrzehnte zurück, ohne Bezug zur Gegenwart in der Klinik. Die Frauen leben entwurzelt und einsam.
Bei der Visite versuche ich, alte Fäden wieder aufzugreifen und Verbindungen zu mir oder nach »draußen« herzustellen. Neben der Stationsschwester und mir sind noch Inge und eine Schwesternschülerin dabei. Da es nur diese großen Räume gibt, hören auch die anderen Patientinnen mit zu – ein großes Publikum für mich, aber wenig Möglichkeiten für ein persönliches Gespräch.

Jutta Ingvers gibt mir die Hand.
»Meine Mutter hat gesagt, ich soll nicht mit den Männern mitgehen. Wenn ich das wieder tue, kommt sie nie mehr.«
Ich antworte: »Jedenfalls nicht mit Männern, die Sie nicht kennen. Mit Herrn Behrens können Sie schon weggehen.«
Ich weiß inzwischen, daß sie mehrere Male von Mitpatienten und auch von Fremden, die sie im Auto mitgenommen haben, vergewaltigt worden ist. Sie ist eine hübsche Frau. Ich kann jetzt auch die Angst ihrer Mutter besser verstehen.

»Ja. Und manchmal habe ich Heimweh nach zu
»Das verstehe ich gut.«
»Ich bin Professor Jutta Ingvers. Ich möchte zu
hen.«
»Sie können in zwei Wochen wieder zur Schule und zur Arbeit gehen. Jetzt sind Sie krank geschrieben.«
»Ich bin nicht krank. Mir geht es gut. Ich nehme keine Medikamente mehr ein.«

Frau Linger liegt ganz versteckt im Bett, beinahe hätte ich sie vergessen. Sie gibt mir nicht die Hand. Sie spricht in leicht schimpfendem Ton vor sich hin, ich verstehe gar nichts. Ich frage sie: »Wollen Sie mit mir reden?«
»Nein«, sagt sie klar und deutlich.

Frau Verburg schreit. Sie hat vor langen Jahren bei einem schweren Unfall eine Hirnverletzung erlitten.
»Ich habe meine Mutter nicht umgebracht, ich habe meine Mutter nicht umgebracht...«
Sie rauft sich die Haare. Spricht unruhig und aufgeregt. Ich berühre vorsichtig ihren Arm und versuche, sie zu beruhigen. Schließlich hört sie auf zu schreien. Später kriecht sie auf allen vieren auf dem Fußboden.

Ich hocke mich neben die alte Frau Schmidtke, die im Sessel sitzt. Sie sieht hoch zu Schwester Monika. Schwester Monika sagt:
»Frau Doktor möchte mit Ihnen sprechen.«
Frau Schmidtke sagt zu mir: »Wer sich selbst erniedrigt...«
Erst verstehe ich sie nicht ganz, dann bin ich getroffen. Erniedrige ich mich, wenn ich nicht von oben auf sie herabsehe?

...u Unterdorf. »Ich mag nicht hier sein.« Diesen Satz wiederholt sie stereotyp bei jeder Visite.
»Ja. Sie kommen vielleicht später auf eine andere Station.« Ich weiß, daß das schwierig wird. Ihre alte Station, auf die sie so gerne möchte, nimmt sie nicht wieder zurück.
»Ja«, sagt sie und spuckt auf den Fußboden. Zwischendurch streckt sie immer wieder unwillkürlich ihre Zunge heraus.

Frau Böttger ist 60 Jahre alt und als Hausarbeiterin auf der Station beschäftigt, d. h., sie ist für bestimmte Küchenarbeiten zuständig.
»Wie war das Wochenende?«
»Ach gut, ich habe abgewaschen.«
»Und sonst?«
»Der Mund brennt. Der Zahnarzt hat gesagt, wenn der Zahn weh tut, soll ich wiederkommen. Jetzt tut er nicht weh. Aber der Mund brennt. Das ist Gott. Früher, da habe ich mal die blaue Tablette gekriegt, aber da ging es auch nicht besser.«

Frage und Antwort stehen nicht in »logischem« Zusammenhang, die äußere Realität wird übersprungen. Professor Jutta Ingvers. Langsam beginne ich zu begreifen, was sie mir – vielleicht – damit sagen will. »Ich möchte etwas Besseres sein, jemand darstellen, der angesehen ist, wie z. B. ein Professor. Ich möchte mich nicht mehr so klein und mickerig fühlen. Ich möchte nicht krank sein.«
Ich versuche, die seelische Wirklichkeit dieser Frauen zu verstehen und dies zum Ausdruck zu bringen. Das ist ein Teil der Arbeit, der mir Freude macht, auch wenn es oft mühsam ist.
Häufig werden mir Zusammenhänge noch nicht klar. »Der Mund brennt, das ist Gott.« Ja, ein religiöser Wahn, aber warum? Manchmal fährt der Teufel wie ein Blitz durch ih-

ren Kopf in den Mund. Was hat das mit dem Leben von Frau Böttger zu tun? Der Mund brennt seit 15 Jahren, nicht aus körperlichen, sondern aus seelischen Gründen. Der Zahnarzt kann nicht helfen, aber ich als Psychiaterin auch nicht.

Ablehnung, die mir entgegenschlägt. Frau Linger will nicht mit mir sprechen, sie versteckt das nicht hinter höflichen Floskeln, sondern sagt es direkt. Manchmal ist es auch anders, dann erzählt sie viel, weint, zeigt ihre Verzweiflung.

Für viele Frauen empfinde ich Sympathie, auch für ihre nicht immer angenehmen Eigenarten, mit manchen fühle ich mich verbunden. Bei Frau Unterdorf dagegen muß ich mit Ärger und Ekel kämpfen. Ich mag sie nicht, halte sie auf Distanz, insbesondere ihre Spuckerei kann ich nicht gut aushalten. Der Speichelfluß und die Zungenbewegungen sind Nebenwirkungen der Medikamente, aber sie könnte doch ein Taschentuch benutzen. Auf den Boden zu spucken ist bei ihr eine Art von subtiler Aggression, die auch die Schwestern und die anderen Patientinnen gegen sie aufbringt. Gut, daß Inge mit ihr zurechtkommt.

4
Kaffeetrinken am Nachmittag

Februar 85

Es ist jetzt endgültig klar, daß unser Protest gegen die Kürzung der Arbeitsprämien nichts genützt hat. Die gesetzlichen Regelungen sind eben so… Es bleibt nur noch die Möglichkeit, daß eine Patientin eine Klage bei Gericht einreicht. Hoffentlich können wir jemanden darin unterstützen, das zu tun, auch wenn es lange dauert, bis darüber entschieden ist.
Wir haben überlegt, an die Öffentlichkeit zu gehen, aber es gibt ziemlich enge Bestimmungen, um das zu verhindern. Jeder Kontakt mit der Presse oder auch den Parteien muß mit Zustimmung des Chefarztes, oft auch des Landes, erfolgen. Das war den meisten doch zu heikel, und so ist die Sache im Sande verlaufen. Gemessen an den katastrophalen Zuständen gibt es viel zu wenig Öffentlichkeitsarbeit. Das kommt der Angst und dem Unwillen vieler Bürger, sich mit der Psychiatrie auseinanderzusetzen, nur entgegen. So wird sich am Schattendasein insbesondere der chronisch Kranken sicher nichts ändern.
Zur Zeit geht es mir nicht mehr so gut wie am Anfang. Ich glaube, der Alltag und die Routine haben mich eingeholt, zehren meine Kräfte auf. Außerdem hatte ich in den letzten Monaten so wenig Wochenenden frei – Dienst in der Klinik, Therapieausbildung, Weihnachten… Ich bin lustlos und deprimiert, weiß nicht, was ich erreichen kann, selbst wenn ich mich noch so sehr anstrenge.
Bei den Patientinnen, die neu auf die Station kommen, frage ich mich jedesmal, ob der Schaden, den sie hier erleiden, größer ist als die Hilfe, die wir ihnen geben können. Für

diese Schäden gibt es den Begriff Hospitalismus, das ist der zunehmende Verlust von Selbständigkeit, Lebendigkeit und eigenen Interessen, verursacht durch das Leben in der Institution. Von außen wird meine Arbeit wenig anerkannt, »bei den Patientinnen ist sowieso nichts mehr zu machen«.
Neben der großen Frauenstation versorge ich noch eine weitere Station – jedesmal Visiten, Besprechungen, Einzelgespräche, Angehörigengespräche, Versuche, etwas zu verändern. Es gibt soviel Bedürftigkeit. Wo setze ich die Prioritäten?

Nur selten nehme ich mir, wie letzten Freitag beim Kaffeetrinken, die Zeit, mich einfach ohne Ziel zu den Patientinnen zu setzen.
Wir sitzen im Eßzimmer, Nachmittagskaffee. Frau Böttger hat die Tischdecken abgenommen. Die neue stille Schwester, die niemand so recht mag, stellt die Untertassen auf die blanken Tische. Dann die Tassen, weiß mit grünkariertem Rand. Frau Böttger ist nicht damit einverstanden, sagt leicht zischend etwas dazu.
Plötzlich kommt Schwester Jenny, voller Tatendrang: »So machen wir das aber nicht.«
Sie räumt die Untertassen wieder weg und stellt die Tassen direkt auf den Tisch. Die geschmierten Marmeladenbrote und die Brötchen werden verteilt, ohne Teller. Ich sitze zwischen den PatientInnen, löse leises Erstaunen aus.
»Auch einen Kaffee, Frau Doktor?«
Ich lehne erst ab, dann möchte ich doch eine Tasse aufgebrühten Nescafé. Er schmeckt mir nicht besonders. Frau Verburg stopft sich ihr Brot mit drei Bissen hinein. Dann beginnt sie, auf allen vieren auf dem Fußboden zu kriechen. Ich hebe sie auf und bringe sie zu ihrem Stuhl. Als ich wieder zu meinem Platz gehe, hat mir Frau Ingvers von der Schwester ein Marmeladenbrot geholt. Ich freue mich, mag es aber nicht essen, weil mir Margarine nicht schmeckt, und

so trage ich es mit schlechtem Gewissen in die Küche zurück.

Dabei dachte ich an unseren Eßzimmertisch früher. Ich mochte es immer gern, wenn es zum Frühstück frische Brötchen mit selbstgemachter Marmelade gab. Mittags gab es manchmal Ärger mit Mutter, wenn ich zu spät aus der Schule kam und ihr Essen kalt wurde. Abends saßen wir alle zusammen, auch Vater war dabei. Um den Eßtisch herum spielte sich das Familienleben ab.

Auch auf der Station ist das Essen eines der wichtigsten Tagesereignisse. Aber es gelingt nicht, mit 45 Frauen in einem Raum auch nur annähernd eine entspannte Atmosphäre herzustellen. Die Frauen sitzen am Tisch mit sechs bis acht anderen zusammen. Die Schwestern verteilen das Essen, ein gemeinsamer Beginn ist nicht möglich, sonst ist am Ende fast alles kalt. Das Essen wird verschlungen, »nur nicht zu kurz kommen«, für die meisten ist es die einzige Zuwendung des Tages. Viele der Frauen sind zu dick. Gespräche finden kaum statt, manchmal wissen die Tischnachbarinnen voneinander nicht die Namen. Wer fertig ist, steht auf und verläßt den Raum.

Es sind häufig Situationen wie diese, die mich traurig machen, aber ich habe selten Platz für solche Gefühle. Meistens bin ich damit beschäftigt, die notwendigsten Aufgaben zu erledigen, die im allgemeinmedizinischen, psychiatrischen oder sozialen Bereich anfallen.

5
Der Aufschwung:
Wir planen eine neue Station

März 85

Wie ich es aushalten kann, hier zu arbeiten? Warum ich als Ärztin nicht anordne, daß Untertassen und Teller beim Kaffeetrinken benutzt werden? Das habe ich jetzt getan. Die Schwestern sagen, es ist sowieso schon viel zu viel abzuwaschen. Mal sehen, ob diese Anordnung befolgt werden wird.

Zur Zeit gibt es gute Möglichkeiten. Ich bin dabei, mit zwölf Patientinnen der A 3 eine neue offene Station einzurichten, für die jetzt Räume und Personal bereitgestellt worden sind.

Die Räume waren schon länger frei, aber jetzt sind endlich die entsprechenden Personalstellen bewilligt worden. Ich hoffe, daß ich hier einige meiner Pläne verwirklichen kann. Es soll eine kleine Station werden, obwohl die Räume Platz für mehr Frauen bieten. Aber zu meinen Vorstellungen gehören andere Lebensbedingungen, d. h. die Entwicklung einer Gruppe, in der mehr Selbständigkeit, mehr Kontakte untereinander und ein anderes Klima möglich werden.

Dadurch verändern sich offensichtlich einige Folgen des Hospitalismus. Ein Teil des inneren Rückzugs der Frauen, der Stille und der »Dumpfheit«, die sie umgeben, ist bedingt durch ihre Lebensumstände. Die extreme räumliche Enge, die fast vollständige Versorgung in bezug auf das Essen oder die Kleidung, der Status als Patientin über Jahrzehnte hinweg, als Kranke, die verarztet und gepflegt werden muß, nur gelegentliche Kontakte nach außen – es ist klar, daß eine solche Realität wiederum auf die Psyche zurückwirkt. Das ist keine neue Erkenntnis. Es gibt in der Klinik inzwischen eine Reihe von Stationen, die versuchen, den Hospitalismusfolgen entgegenzuarbeiten. Ich bin davon überzeugt, daß das auch mit Patientinnen von der A 3 machbar ist. Ich möchte versuchen, ein Klima entstehen zu lassen, in dem es möglich ist, Entscheidungen zu treffen und eigene Bedürfnisse wahrzunehmen und zu äußern. Ein Teil der Patientinnen könnte auch »draußen« leben; hoffentlich ist dies eine Vorarbeit dafür. Für viele von ihnen ist die Frage »Wo möchten Sie wohnen?« ziemlich fremd, ebenso wie die Vorstellung eines Lebens außerhalb der Anstalt.

Andererseits kostet die neue Station, die B 9, mit zwölf Patientinnen und einer Schwester pro Schicht genausoviel wie eine Station mit 22 Patientinnen und einer Schwester und ist daher unrentabel. Ich bin gespannt, ob ich mich in diesem Punkt durchsetzen werde. Der Oberarzt und der Chefarzt überlassen die Entscheidung mir. Mal sehen, wie die anderen beiden wichtigen Instanzen, die Pflegedienstleitung und die Verwaltung, reagieren werden. Die Pflegedienstleitung ist für die Belange des Pflegepersonals zuständig, die Verwaltung für die Organisation und Finanzen.

Zu den ersten Überlegungen gehörte, welche Patientinnen für die neue Station in Frage kommen. Frau Böttger und Frau Antes, die die Schwestern und ich für geeignet halten, wollen nicht. Auch nach intensiven Gesprächen über mögliche Vorteile – keine geschlossenen Türen, eine kleinere Gruppe u. a. – haben sie ihre Meinung nicht geändert.

Als ich darüber nachdachte, warum die beiden eine Veränderung so kategorisch ablehnen, fiel mir ein, daß ich schon seit Jahren versuche, meine Mutter zu überreden, aus dem großen Haus auszuziehen, wo sie sich mit der ganzen Arbeit überfordert fühlt. Sie jammert darüber, will aber nichts verändern. Inzwischen sage ich nichts mehr dazu. Auch bei ihr ist die Angst, sich in einer neuen Umgebung zurechtfinden und sich von Altem trennen zu müssen, zu groß. Viel-

leicht paßt dieser Vergleich nicht so ganz, aber die psychischen Prozesse sind ähnlich.
Frau Taller möchte gern auf die B 9, aber wir haben Bedenken, weil sie in den letzten Jahren viele Krisen hatte.
Bei einigen ist der Wechsel unkompliziert: Frau Anger und Frau Clabes. Frau Anger ist eine streitlustige 40jährige Patientin mit einem bewegten Leben, das sich lange Jahre wechselweise außerhalb und innerhalb der Klinik abspielte.
Frau Clabes ist »erst« seit vier Jahren hier; sie hatte viel Streit mit ihrem Ehemann, bevor sie sich in der Psychose eine zweite Identität als jugendliche Prostituierte zulegte. Sie ist, ähnlich wie Frau Anger, meistens recht lautstark und sehr standfest in ihren Überzeugungen. Wenn sie etwas nicht möchte – wie beispielsweise die Untersuchung von einem Hals-Nasen-Ohren-Arzt bei einer starken eitrigen Angina –, ist sie nicht dazu zu überreden.
Frau Ingvers bleibt indifferent, sie äußert sich nicht, so daß wir dann sagen, sie soll es versuchen. Susanne Zabel hat viele Zweifel, läßt sich aber überreden. Bei ihr sind wir nicht sicher, ob es gutgeht – es hängt von der Toleranz der Mitpatientinnen und der Schwester ab, denn sie läuft häufig laut schreiend über die Station. Nach und nach finden sich zwölf Patientinnen, die nach oben ziehen.
Ein ziemlich provisorischer Anfang. Die Möbel sind z. B. noch nicht alle da. Das hat den Vorteil, daß die Frauen Mitspracherecht haben bei der Einrichtung der Zimmer, was sonst nicht üblich ist. Es erfordert allerdings viel Geduld bei allen Beteiligten.
Schwester Carla, Mitte 20, arbeitet als neue Stationsschwester sehr engagiert und läßt den Frauen viele Möglichkeiten für eigene Entscheidungen. Es wird lange darüber gesprochen, ob Bilder aufgehängt werden und wenn ja, an welche Wand. Die meisten Frauen haben dazu seit Jahrzehnten keine Möglichkeit mehr gehabt. Welche Topfblumen sollen

aus der Gärtnerei geholt werden? Schwester Carla ist keine perfekte Hausfrau und kann der Versuchung, die Räume nach ihrem Geschmack zu gestalten, ganz gut widerstehen.
Für die pädagogische Arbeit werde ich eine neue Stelle über das Arbeitsamt beantragen. Ich hoffe, daß es klappt – in so einem Team können wir einiges erreichen.

6
Über die Schizophrenie und Susanne

Oktober 85

Wenn ich aus der Psychiatrie erzähle, ist Angst eine häufige Reaktion. Die Verrückten, es ist so schwer zu verstehen, was sie sagen und was sie denken. Wirr, unberechenbar, vielleicht gefährlich wie in Hitchcocks »Psycho«.
Meine Mutter sagt: »Die Frauen tun mir so leid mit ihrer Krankheit.« Sie bedauert, daß es so wenig Hilfe gibt für »solche Menschen«. Das Mitleid macht es leichter, Abstand zu halten. Diese armen Frauen sind ganz anders – eingesperrt, durcheinander, behindert, hilfsbedürftig. Auf meine Versuche, Gemeinsamkeiten zwischen ihr und den Patientinnen herzustellen, reagiert sie eher gereizt. Ihre Angst, aus dem Haus auszuziehen, sei doch nicht zu vergleichen damit, daß Frau Antes und Frau Böttger die geschlossene Station nicht verlassen wollen. Aber sie wollte wissen, was eine Psychose ist.
Die bekannteste Form von Psychose ist die Schizophrenie. Assoziationen zu dem Wort schizophren – verletzliche Menschen, sensibel, meist Einzelgänger, etwas exzentrisch, oft mit einem düsteren und chaotischen Innenleben. Übermäßig empfänglich für Stimmungen bei anderen Menschen, atmosphärische Schwankungen in ihrer Umgebung. Ihren Gefühlen wie Angst, Trauer, Wut sehr stark ausgeliefert, zum Schutz davor oft mit einer starren Maske versehen. Einige berühmte KünstlerInnen konnten mit oder trotz ihrer schizophrenen Psychose geniale Werke vollbringen wie Virginia Woolf und van Gogh.
Aber die meisten schizophrenen Patientinnen auf meiner

Station haben keinen Bezug zu ihrer Kreativität, leiden und fühlen sich gequält.
Neben oder nach dem »Austicken«, der akuten Psychose, findet manchmal ein starker Rückzug statt, ein Aufgeben der Kommunikation mit anderen Menschen. Die PatientInnen sprechen kaum, zeigen nichts mehr von sich, leben allein in einer Welt, von der wir nichts wissen. Manchmal wirken sie, als wären sie dumm. Dementia praecox, vorzeitige Verblödung, diese Diagnose wurde solchen Frauen früher auf den Weg gegeben.
Die Ursachen? In der Medizin streiten sich biologisch orientierte PsychiaterInnen und psychologisch oder soziologisch orientierte. Die einen suchen nach einer biochemischen oder genetischen Ursache, die anderen nach Ursachen in der Psyche, der Familie oder der Gesellschaft. Heute gibt es jedoch eine Reihe von ForscherInnen, die der Ansicht sind, daß mehrere Faktoren zusammentreffen müssen, wenn eine Reaktion entsteht, die wir als psychotisch bezeichnen. Diese Faktoren können z. B. sein: eine besondere individuelle Verletzlichkeit, ein schwieriges emotionales Klima in der Familie, belastende äußere Bedingungen wie eine Trennung oder ein Ortswechsel.
Die Mischung aus extremer Sensibilität und äußeren Streßfaktoren ist oft schwierig aufzuschlüsseln. Wenn gefragt wird: »Warum ist sie denn nun schizophren geworden?«, kann ich oft nur Vermutungen aufstellen. Die verschiedenen Faktoren wie die individuelle Geschichte und die Familiengeschichte, der Tod eines Angehörigen, soziale Entwurzelung durch die Flucht nach dem Krieg, Arbeitslosigkeit, Isolation und vieles mehr verzahnen sich; ein einfaches Ursache-Wirkungs-Prinzip gibt es nur selten.
Oft werden die PatientInnen allerdings auch zu wenig nach möglichen Zusammenhängen befragt. Wenn die Schizophrenie als organische Krankheit angesehen wird, besteht wenig Veranlassung dazu. In den alten Akten von meiner

Station wird der Zusammenhang zwischen der Einweisung in die Klinik und der Lebensgeschichte meistens nicht deutlich.
Im Prinzip kann unter extremen Bedingungen jeder Mensch psychotisch reagieren, z. B. unter dem Einfluß bestimmter Drogen oder unter ganz starkem Streß, wie etwa bei einem Aufenthalt in Räumen ohne jeden Außenreiz.
Ich könnte mir das so vorstellen: Ich verbringe mehrere Tage in einem dunklen Zimmer. Ich weiß nicht, wie spät es ist, niemand spricht mit mir, ich höre überhaupt kein Geräusch. Ich bin ganz in mich versunken, kann nicht mit anderen sprechen. Vielleicht halluziniere ich, d. h., ich höre innere Stimmen, die mit mir sprechen, sehe innere fremde Bilder oder habe das Gefühl, ich werde von Händen, Käfern oder etwas anderem berührt. Vielleicht sind die Halluzinationen Ersatz für fehlende Berührungen in der Einsamkeit? Es kann sein, daß meine Logik nicht mehr mit der Logik anderer übereinstimmt. Meine Gedankenfolgen sind verwirrend, und meine Sprache wird unverständlich. Oder ich habe die Vorstellung, andere Menschen können meine Gedanken lesen. Die Bestimmung meiner Identität und meiner Grenzen ist sehr schwierig. Oder... oder..., dies ist nur ein ganz kleiner Teil der möglichen Ausdrucksformen.

Susanne ist eine schizophrene Patientin. Ich denke an sie mit ihrem Vornamen, obwohl sie 38 Jahre alt ist. Glatte schwarze Haare, der Pony hängt ihr ins Gesicht. Ihre Kleider sehen irgendwie sackförmig aus. Meistens ist sie in sich zusammengesunken und schaut auf den Boden. Die Zähne sind braun verfärbt. »Ich kann das nicht.« »Ich weiß nicht«, sagt sie oft mit leiser Stimme und klagendem Unterton.
Ihre Mutter nahm sich fünf Tage nach der Geburt von Susanne das Leben. Sie war während der Schwangerschaft von ihrem Freund verlassen worden und hatte resigniert. Die

Großeltern nahmen das Kind zu sich, dessen Leben so eng verknüpft war mit dem Tod der Mutter.
Susanne wurde von den Großeltern nie aus den Augen gelassen, es gab keine Gleichaltrigen, auf der Straße durfte sie nicht spielen. Sie wurde ein braves, zurückgezogenes, einsames Kind. In der Pubertät magerte sie ab, aß kaum noch etwas.
Als sie 17 war, wollte sie sich von der Großmutter nicht mehr die Haare waschen lassen, schüttete dem Großvater Milch ins Gesicht und schrie tagelang. Sie wurde daraufhin das erste Mal stationär eingewiesen. In den nächsten Jahren lebte sie einige Monate bei den Großeltern, den Rest der Zeit in der Klinik, später blieb sie ganz dort. Die Diagnose lautete zunächst Reifungskrise, später Schizophrenie. Sie sagte nicht viel, für einige Jahre gab sie das Sprechen ganz auf. So saß sie in den Sälen der Klinik, schaute auf den Boden, registrierte aber trotzdem genau, was mit den anderen passierte.
In den 80er Jahren wurde sie für einige Zeit in einer Gruppe außerhalb der Klinik gefördert. In den Unterlagen heißt es:
»Nachdem sie zunächst immer nur sagte, daß sie dies oder jenes nicht könne, traute sie sich langsam mehr zu.«
Die Kosten für Aufwendungen außerhalb der Klinik wurden nicht mehr übernommen, und Susanne ging nicht mehr in die Gruppe.
Jetzt geht sie wieder in der Klinik zur Arbeit, aber sie sitzt dort nur herum und raucht. Sie verdient 9 DM Anwesenheitsprämie im Monat.

Braune, nikotinvergilbte Finger.
»Ham Sie mal 'ne Zigarette für mich?«
»Ham Sie mal zwei Mark für mich?«
Sie läuft in der Cafeteria herum und spricht andere an, Mitpatientinnen, Gäste, Personal. Bettelt.

»Ich möchte ein Blitzkleidchen kaufen gehen in der Stadt.«
Was ist ein Blitzkleidchen, ich weiß es nicht.
Es gibt 100 DM Taschengeld im Monat. Zwei Mark pro Tag zur freien Verfügung für Zigaretten, Cola, Kuchen, Kaffee. Der Rest des Geldes wird gespart für besondere Anlässe – ein Ausflug, ein Zirkusbesuch, ein Paar Strümpfe.

Susanne lacht manchmal laut und irr, filmreif. Ganz unvermittelt. Oft schreit sie auch. Sie fühlt Spinnen und Käfer auf ihrem Kopf. Vor dem Spiegel betastet sie ihr Gesicht und ihre Haare. Ängstliche Augen, voller Schrecken über ihr inneres Chaos. Plötzlich dreht sie sich um und läuft über den Flur, laut schreiend.
»Komme ich in die Hölle, Frau Doktor?«
»Nein, ich glaube nicht, daß Sie in die Hölle kommen.«

Sie wird seit 17 Jahren jeden Tag mit Essen versorgt: Frühstück, Mittagessen, Kaffee, Abendbrot.
»Ich möchte, daß Sie an einer Kochgruppe teilnehmen«, sage ich.
»Nee, das kann ich nicht, ich kann nicht kochen.«
»Versuchen Sie es doch mal.«
»Nee, kann ich nicht.«
»Was würden Sie denn gern mal kochen?«
»Eine Quarkspeise.«
»Na, dann fangen Sie doch damit an.«
»Nein.«
Aber an der Kochgruppe nimmt sie dann doch teil.

Sie spricht wieder mehr, kann auch gelegentlich Ärger und Widerspruch verbal äußern, muß dazu keine Scheiben mehr einschlagen. Die düstere Atmosphäre, die sie oft umgeben hat, hellt sich langsam etwas auf. Manchmal lächelt sie verschmitzt. In vielem wirkt sie wie ein Kind, sympathisch, hilflos, trotzig.

Ich versuche, Susanne zu einem dringenden Zahnarztbesuch zu überreden.
»Gehen Sie doch mit, der Zahnarzt soll Sie nur untersuchen, er soll noch nichts machen.«
»Nein, ich möchte nicht.«
»Sie haben es versprochen, letzten Donnerstag.«
»Nee.«
»Ich verstehe ja, daß Sie Angst haben, aber es soll erst mal nur nachgeguckt werden.«
Schweigen.
»Wovor haben Sie Angst?«
»Frau Bittersalz, da hat man dann keine Weihnachtsfreude mehr, und dann geht es immer weiter so und auch keine Osterfreude. Und das ist doch viel zu eng da oben.«
»Das verstehe ich nicht.«
»Na, da hat man keine Weihnachtsfreude.«
»Aber Sie bekommen ein Geschenk zu Weihnachten.«
»Ach, doch kein Geschenk.«
Schweigen.
»Ich geh nach Weihnachten.«
»Nein, das ist zu lange hin.«
»Nein.«
»Ich komme nächsten Mittwoch wieder. Gehen Sie dann mit?«
»Ja.«
»Versprochen mit Handschlag?«
»Nein. Doch.«
Sie lacht. »Na gut, mit Handschlag.«
Am nächsten Mittwoch geht sie nicht mit.

Susanne ist eine der Patientinnen, die überall gescheitert sind. Anderen geht es nach einer oder mehreren psychotischen Phasen wieder besser, sie werden ambulant behandelt oder nur für einige Wochen in die Klinik aufgenommen. Nur ein kleiner Teil der Frauen bleibt chronisch krank, ganz zurückgezogen oder mit einem Wahn, der sich nicht verändert, und von ihnen geht es wiederum nur einigen so schlecht wie den Frauen auf der A 3. Es gibt keinen »typischen« Verlauf einer Psychose, sondern viele unterschiedliche Möglichkeiten, die abhängig sind von persönlichen und äußeren Gegebenheiten.

7
Die Schwestern

November 85

Zur Arbeit fahre ich mit dem Rad, überzeuge mich in den Vorgärten vom Stand der Jahreszeit. Manchmal legt sich ein Druck auf meine Brust – leben noch alle Patientinnen? Ich stelle das Fahrrad im Keller ab, laufe die Treppe hoch. Abgeblätterte weiße Farbe an den Wänden, graue Steintreppen, oft liegen dort Kippen, die die Patientinnen sammeln und versuchen zu rauchen. Ich öffne die verschlossene Tür mit dem überdimensionalen Schlüssel.
Im Stationszimmer wird gefrühstückt. Wenn es mir gelingt, mich nicht gleich von Frau Taller mit einem ganz dringenden Wunsch in ein Gespräch verwickeln zu lassen, gehe ich kurz in mein winziges Arztzimmer und dann zu den Schwestern. Marianne ist Stationsschwester, Jenny hat gerade ihre Ausbildung beendet, Christine ist am längsten auf der Station, hat aber damals nur ein Jahr gelernt, Renate ist Praktikantin. Carla von der B 9 frühstückt auch mit unten.
»Einen Kaffee, Frau Doktor?«
»Ja, gern.«
Der Kaffee wird für mich mitgekocht, aber die Beteiligung an der Kaffeekasse muß stimmen. Doktoren, die schnorren, haben keinen guten Stand.
Kurze Zeit später kommt Inge. Ein Lächeln, ein aufmunternder Blick – das tut meiner Laune meistens gut.
Die Neuigkeiten:
»Frau Linger wird wieder unruhig, sie hat gestern nacht Maria Golte ein Büschel Haare ausgerisssen.«
»Die Aufnahmestation hat angerufen, sie sind völlig über-

belegt und fragen, ob wir eine Patientin übernehmen können, die schon neun Monate dort ist.«
»Die Schwester von Frau Antes kommt nächste Woche und möchte sie sehen.«
Die Tür des Stationszimmers hat eine Glasscheibe, so daß wir den Flur überblicken können. Manchmal klopft eine Patientin an die Scheibe – je nach Temperament zart oder heftig – und möchte mich sprechen. Ich versuche, deutlich zu machen, daß ich mit anderem beschäftigt bin, was nicht immer auf Verständnis stößt.
Manche Frauen stehen einfach so vor der Scheibe und sehen uns beim Kaffeetrinken zu. Ein unangenehmes Gefühl, leicht schuldbesetzt, manchmal macht es mich auch wütend.
Um neun Uhr ist die Frühstückspause der Schwestern zu Ende. Dann wird die Station für die Frauen aufgeschlossen, die Ausgang haben. Einige fragen schon zehn Minuten vorher: »Können Sie mich rauslassen?« Die Schwestern haben dann das Gefühl, die Patientinnen wollen sie ärgern, aber die Fragen haben auch damit zu tun, daß die Uhr im Aufenthaltsraum so oft falsch geht. Viele Patientinnen haben keine Armbanduhr und wissen nicht genau, wie spät es ist. Wir haben eine neue Uhr beantragt, sie aber nicht bekommen. Doch wenn offiziell gesagt wird, wie wichtig die zeitliche Orientierung für Schizophrene ist, wird von allen Seiten zustimmend genickt.
In der Frühstücksrunde sitzen die Schwestern im weißen Kittel, Inge und ich in Straßenkleidung. Für Inge ist das ganz selbstverständlich, für mich ungewöhnlich, weil die Ärztinnen vor mir in Weiß gearbeitet haben. In der ersten Zeit mußte ich vor allem den alten Frauen auf der Station oft erklären, wer ich eigentlich bin. Aber ich finde eine Bluse und eine Hose oder einen Rock schöner und weniger distanziert.
Daß die Schwestern sich schwerer von der Berufskleidung

trennen, hat sicher mehrere Gründe, praktische und psychische.

Sie haben den dichtesten Kontakt mit den Patientinnen, eben auch körperlich. Sie sind für die Pflege, das heißt auch für die Körperpflege zuständig. In diesem Bereich gibt es immer wieder Ärger; die Vorstellungen über persönliche Hygiene sind eben unterschiedlich. Viele Patientinnen haben das Interesse an ihrem Körper verloren, vernachlässigen ihn, pflegen ihn nicht. Einige sind auch aus körperlichen oder seelischen Gründen nicht dazu in der Lage. Waschen, Zähneputzen, Menstruation, Nägelschneiden, Frisur, Kleidung – es gibt so viele Punkte, die sensibel und konfliktträchtig sind. Der Geruch nach Urin bei Maria Golte. Wenn sie eingenäßt hat, müssen die Schwestern sie baden und die Kleider wechseln, manchmal mehrere Male am Tag. Maria kann ihre Blase schlecht kontrollieren, sie »kann nichts dazu«. Anders ist es bei Frau Warnecke, sie hat keine Lust, ihre fettigen Haare zu waschen, und streitet sich lautstark mit den Schwestern, wenn sie dazu aufgefordert wird. Frau Törner bekleckert häufig ihre Kleider, bei ihr ist nicht ganz klar, ob Nachlässigkeit oder Unfähigkeit dabei eine größere Rolle spielt. Je nach Einschätzung der Gründe und der jeweiligen Stimmungslage der Schwester wird Frau Törner freundlich oder leicht verärgert aufgefordert, das Kleid zu wechseln. Auch bei den Schwestern gibt es unterschiedliche Schwellen, bevor Ablehnung, Ekel und Ärger einsetzen. Der Kittel schützt vielleicht ein bißchen vor solchen Gefühlen.

Bei der Visite und den Gesprächen mit mir sind die Patientinnen »ordentlich zurechtgemacht«.

Wenn man die Strukturen der Station mit denen in der Familie vergleicht, bin ich eher wie der Vater, der abends mit seinen Kindern eine halbe Stunde spielt, während die Schwestern wie die Mütter den ganzen Tag aufräumen, waschen und den Hintern abputzen.

Diese Überlegungen lassen sich auch auf andere Bereiche ausdehnen.
Die Aufgaben der Schwestern auf einer psychiatrischen Station sind vielfältig. Sie sind zuständig für die medizinische Versorgung, z. B. das Austeilen der Medikamente, die Pflege bei körperlichen Krankheiten, für die Grundbedürfnisse der Patientinnen wie Essen und Hygiene, für die Gestaltung der Station und Freizeitaktivitäten, vor allem aber für das emotionale Klima. Sehr weibliche Bereiche. Als Ärztin verkörpere ich eher den traditionell männlichen Teil dadurch, daß ich über spezielle Kompetenzen durch mein Medizinstudium und meine Therapieausbildung verfüge, entsprechende Anordnungen gebe und die Station bei Klinikkonferenzen und langfristigen Planungen nach außen vertrete. Typischerweise ist dies mit sehr viel mehr finanzieller und sozialer Anerkennung verbunden.
Die gegenseitigen Abhängigkeiten sind ganz unterschiedlich. Ich kann aufgrund der bestehenden Hierarchie Entscheidungen treffen, wie z. B. bei Neuaufnahmen oder Ausgangsregelungen von Patientinnen, die akzeptiert werden müssen. Die Verantwortung dafür liegt bei mir. Die Schwestern können es mir, wenn sie beleidigt, sauer oder ablehnend sind, schwermachen; ich bin gefühlsmäßig auf sie angewiesen, sie bilden eine Gruppe, der ich allein bzw. gemeinsam mit Inge gegenüberstehe.
Das Klima bei uns hat sich jetzt nach einem Jahr ganz gut entwickelt. Ich mag die meisten Schwestern gern und schätze die Arbeit, die sie leisten. Ich versuche – was mir nicht immer leichtfällt –, nicht nur den medizinischen, sondern auch den alltäglichen Teil ihrer Arbeit anzuerkennen. »Grüne Bohnen und Scheiße« wie Marilyn French in ihrem Roman »Frauen« schreibt.

8
Immer wieder Visite

Dezember 85

Meine Arbeit hier ist sehr vielfältig.
Ich betreue die Patientinnen wie eine Hausärztin bei körperlichen Erkrankungen, d. h., ich untersuche sie, behandle nicht allzu komplizierte Krankheiten selbst, bei anderen überweise ich zu entsprechenden FachärztInnen. Ich treffe die Entscheidungen über die Psychopharmaka, ein kompliziertes Thema. Es ist viel Verwaltungsarbeit zu erledigen, Sozialarbeit zu machen, ich nehme an Konferenzen teil und an Fortbildungsveranstaltungen. Aber das Wichtigste sind die Gespräche mit den Patientinnen, den Angehörigen, den Schwestern, mit Inge, den BetreuerInnen am Arbeitsplatz, den SozialarbeiterInnen.
Mit den Schwestern rede ich mindestens genausoviel wie mit den Patientinnen. Ein oder zwei Therapiegespräche pro Woche mit einer Patientin nützen nicht viel, wenn die Schwestern im täglichen Umgang andere Ziele verfolgen. In Konflikten bin ich meistens der Ansicht, der Patientin möglichst viel Autonomie zu lassen, während die Schwestern sich oft mehr Kontrolle wünschen.
Häufig sind die Reaktionen der Schwestern auf das, was Inge und ich wollen, erst einmal skeptisch. Bei der Kochgruppe z. B. hieß es: »Na, da essen Frau Böttger und Frau Törner wieder mehr als ihnen guttut, sie sind doch schon so dick.« Aber während des letzten Jahres hat sich die Stimmung verändert, dadurch daß auch kleine Erfolge sichtbar sind. Die Wertschätzung selbständiger Schritte wie kochen, einkaufen, in die Stadt gehen nimmt zu.
Die Schwestern kennen die PatientInnen meistens schon

sehr lange, haben aber auch manchmal resigniert in bezug auf mögliche Veränderungen. Entscheidungen über ihren Kopf hinweg zu treffen ist nur selten sinnvoll. Zusammenarbeit, Teamarbeit ist wichtig. Das ist etwas, das ich gern mache. Entscheidungen »wachsen« zu lassen, mehrere Gesichtspunkte zusammenzutragen und eine kreative Lösung zu finden.
Meine Art, mich durchzusetzen, ist leise und beharrlich – nicht soviel harte Kämpfe, sondern eher ein zähes und geduldiges Festhalten an meinen Vorstellungen.
Die repräsentativste ärztliche Tätigkeit ist die Visite. Die Patientinnen, denen ich begegne, sind ganz unterschiedlich, aber bei den meisten muß ich eine Mauer aus Aggression, Schweigen oder angepaßter Freundlichkeit überwinden, wenn ich sie erreichen will.

Frau Linger liegt wieder im Bett. Sie ist 83 Jahre alt.
Ich bleibe in einiger Entfernung stehen, versuche, ihre Stimmung zu erspüren. Sie hebt die Tasse hoch, ich trete einen Schritt zurück, weil ich befürchte, daß sie den Tee in meine Richtung schütten will.
Sie sagt leise einen Satz, den ich nicht verstehe. Ich frage nach. Sie schreit mich an: »Hau'n Sie ab, Sie Biest.«
Ich sage: »Wenn Sie mich so anschreien, dann gehe ich.«
Ich bin verletzt, obwohl ich ihren Zorn kenne. Ich überlege kurz, ob ich nicht trotzdem bei ihr bleiben sollte, will mich aber auch nicht beschimpfen lassen.
Frau Linger ist seit über 40 Jahren in der Klinik, eingewiesen nach der Flucht aus Schlesien. Sie spricht immer noch vom Krieg, von den Bomben, die sie fallen hörte, von einer Vergewaltigung, die sie damals erlebt hat. Manchmal liegt sie stumm im Bett und muß gefüttert werden, häufig läuft sie voller Wut über die Station, schlägt und tritt jede, die ihr in die Quere kommt. »Das war schon immer so«, sagen die Schwestern, und es ist unabhängig davon, ob sie viel oder

wenig Medikamente bekommt. Sie haben Respekt vor ihr und mögen sie. Frau Lingers Leid, ihre Verzweiflung und ihre Lebendigkeit sind deutlich spürbar. Fast alle haben schon einmal Schläge von ihr bekommen, aber es wird ihr verziehen. Nach den langen Jahren soll sie auf dieser Station bleiben und dort sterben.

Frau Schmidtke, ebenfalls über 80 Jahre alt, sagt zu mir: »Sie haben eine schöne, weiche Hand.«
Sie hält mich einige Minuten fest. Das versöhnt mich wieder ein bißchen, tut mir auch gut. Ihr Arm zittert, sie lächelt, langsam beruhigt sie sich.
»An der kleinen Schwester ist richtig was dran«, nuschelt sie.
Ich stelle ihr die kleine neue Schwester vor, aber sie wird es wahrscheinlich vergessen. Auch den Namen von Schwester Marianne, die sie schon lange kennt, weiß sie meistens nicht. Häufig steht sie vor der Tür und sagt leise: »Ich will nach Hause, ich will nach Hause.«

Frau Törner hat mich, als sie mich sah, schon mit Handschlag und anschließendem Handkuß begrüßt. Meistens sagt sie nichts bei der Visite, taucht gar nicht auf oder verschwindet gleich wieder im Schlafraum.
Heute sitzt sie auf dem Sofa. Ein gutes Zeichen. Ich setze mich neben sie, versuche den richtigen Abstand einzuhalten. Kleine Pause.
Schweigen im Wohnzimmer, drei Ledergarnituren in Schwarz und Braun, verloren wirkende Patientinnen, zwei Schwestern in Weiß, Inge und ich. Ich komme mir vor wie auf einer Bühne. Gerate leicht unter Streß. Hoffentlich fällt mir jetzt etwas ein.
Ich frage, was sie besprechen möchte. Pause. Dann ein angedeutetes Kopfschütteln. Vor einiger Zeit hat sie zwei Briefe geschrieben und der Schwester gegeben; einen klei-

nen in deutsch und einen langen in griechisch. Ich hole die Briefe aus der Akte.
»Es interessiert mich, was Sie hier geschrieben haben.«
Sie zeigt auf den kleinen Brief und sagt: »Deutsch.« Vielleicht denkt sie: ›Warum fragt sie denn, hier steht doch schon alles.‹ Den zweiten Brief nimmt sie in die Hand, liest für sich selbst noch mal interessiert nach, sagt aber keinen Ton dazu, legt den Brief dann wieder weg. Übersetzen will sie nicht.
Das zerknautschte, faltige Gesicht, der zahnlose, eingefallene Mund drehen sich weg von mir. Sie sitzt mit hochgezogenen Schultern, in sich versunken. Pause. Ich biete ihr an, daß sie auch mit mir allein sprechen kann, in meinem Zimmer, aber ich glaube nicht wirklich, daß sie kommen wird. Ich frage noch mal nach, ob sie etwas sagen möchte. Pause.
Dann ganz knapp: »Nein.«
Trotz allem, ein bißchen Kontakt ist heute dagewesen.
Was sie wohl über meine Versuche der Annäherung denkt?
Früher hat sie Philosophie und Sprachen studiert.
Inge geht gelegentlich mit ihr in die Stadt. Dort setzt sich Frau Törner in die nächste Buchhandlung, sucht Bücher über die griechische Kunst in der Antike und fängt an zu lesen. Aber auch mit Inge spricht sie kaum ein Wort.
Schwester Marianne hat neulich erzählt, wie sie Frau Törner dazu überreden mußte, ihren schmutzigen Schlüpfer vom Boden aufzuheben und zum Wäschesack zu bringen. Frau Törner läßt ihn meistens einfach fallen oder wirft ihn ärgerlich in die Ecke.

Heute morgen kriecht Frau Verburg nicht, sie läuft. »Ich bin nicht Frau Verburg, ich bin Frau Cranach. Meine Mutter und mein Vater warten in der Garderobe, um mich abzuholen.«

Frau Verburg lebt seit 1970 in der Klinik, bekommt nur noch selten Besuch von ihrer alten Mutter. Ihr Vater ist schon vor langer Zeit gestorben. Sonst habe ich ihr immer geduldig widersprochen: »Nein, Sie werden nicht abgeholt.«
Heute wechsele ich das Thema.
»Wie geht es denn mit dem Essen?«
Frau Verburg übt, langsam zu essen, nicht so zu schlingen, damit sie Normalkost bekommen kann, nicht immer Durchgerührtes essen muß.
»Was gab es denn gestern?«
»Gemüsetopf.«
»Nein.« Die Schwester schaltet sich ein. »So etwas Langes, Dünnes.«
»Ach ja, Würstchen mit Kartoffelsalat«, erinnert sie sich.
Frau Verburg soll in der Beschäftigungstherapie 2 DM bezahlen für einen Korb, den sie geflochten hat. Die Schwester hat die Idee, sie solle doch versuchen, allein in den Neubau zu gehen und das Geld abzugeben. Sonst wird sie meistens begleitet. Frau Verburg steht auf und will gleich losgehen, aber sie soll warten, bis die Visite vorbei ist. Später verirrt sie sich aber doch auf dem Klinikgelände und wird von der Schwester einer anderen Station zurückgebracht. Schade, daß es nicht geklappt hat, vielleicht das nächste Mal.

Frau Antes sagt: »Es ist so unheimlich hier.« Was sie damit wohl meint? Unheimlich, ein merkwürdiges Wort. Auch sie sitzt abgewandt, mürrisch. Sie will weiter nichts dazu sagen.
Ergänzt dann noch: »Es ist kalt hier.«
Obwohl ja meist die Heizung eine unerträglich heiße Luft produziert. Na gut, also kalt im übertragenen Sinne.

Frau Antes sitzt neben Frau Unterdorf, dicht an dicht. Sie kümmert sich um Frau Unterdorf, die ungefähr zehn Jahre älter ist als sie selbst. Nimmt sie in den Arm, wenn es ihr schlecht geht, kauft ihr Süßigkeiten, verteidigt sie vor den Mitpatientinnen, wenn es Ärger gibt.
Frau Unterdorf hat schon der Schwester gesagt: »Ich mag nicht hier sein«, wie immer ihre einzige Bemerkung bei der Visite. Und wie immer streckt sie ständig ihre Zunge raus, räuspert sich und spuckt auf den Fußboden.
Frau Antes, mit leiser hoher Stimme: »Frau Unterdorf, das dürfen Sie nicht.« Dann wischt sie mit einem Taschentuch den Boden wieder sauber.
Frau Unterdorf lacht freundlich.

Zum Einweisungsgrund von Frau Antes steht in der Akte aus dem Jahr 1953: »Hat das Mobiliar in ihrem Zimmer zerschlagen, drohte mit Suizid.« Die Vermieterin holte die Polizei, es erfolgte eine Zwangseinweisung. Ein paar Tage später schreibt ein Arzt über sie: »Sie ist schon immer störrisch und abweisend gewesen, im Zusammenleben untragbar. Dies ist als unheilbar anzusehen.«
Frau Antes wuchs in Schlesien auf. Kurz nach der Geburt ihrer Schwester, als sie vier Jahre alt war, hatte sie einen schweren Unfall. Seitdem ist ihr Gesicht von Narben überzogen. Sie zog sich zurück, lernte keinen Beruf, heiratete nicht, hatte keine Freunde und Freundinnen. Sie blieb bei ihren Eltern wohnen. Als sie 30 war, starben ihre Eltern und sie siedelte in die Bundesrepublik über. Zuerst lebte sie in einem Flüchtlingslager, dann bei ihrer Schwester, mit der es aber nach einiger Zeit Streit gab. Sie mußte ausziehen, und kurz darauf zerschlug sie in ihrem Zimmer das Mobiliar.
In den ärztlichen Verlaufsberichten über die langen Jahre wird sie beschrieben als »zurückgezogen und abweisend, sträubt sich gegen die Elektroschocks, trotzig, scheu und empfindsam, mitunter aggressiv.« Diagnostiziert wird eine

schizophrene Psychose. Wegen der nur wenig ausgeprägten Symptome – »merkwürdige Ideen, Körperwahrnehmungsstörungen, das Gefühl, sie wird von allen verspottet« – wird dies immer wieder in Zweifel gezogen. Vielleicht sei es doch nur eine schwere neurotische Störung.
Zu größeren Krisen kam es nicht mehr. 1973, nach 20 Jahren, wurde sie in ein Altersheim verlegt, wo sie sechs Jahre lebte. 1979 kam sie auf eigenen Wunsch zurück ins Krankenhaus, weil sie sich im Heim nicht mehr wohl fühlte. Zunächst war sie auf einer offenen Station, dann wurde sie kurzfristig auf eine geschlossene Station verlegt, was sie sehr kränkte. Jetzt lebt sie beleidigt, zurückgezogen, resigniert auf der A 3, möchte aber auf keinen Fall eine Veränderung.
»Es ist so kalt hier«, sagt sie bei der Visite und meint damit das psychische Klima, in dem sie sich bewegt. Aber alles andere ist gescheitert. Es besteht kein Grund dafür, sie »geschlossen unterzubringen«. Doch sie will Frau Unterdorf nicht allein lassen, ihre einzige Bezugsperson.
Aus ihrer Geschichte wird in keiner Weise deutlich, warum sie schon so lange in einer Klinik lebt. Sicher ist sie psychisch sehr verletzlich und schwierig, aber sie ist weder gefährlich, noch gefährdet sie sich selbst. Ich glaube, daß bei ihr die Psychiatrie ein soziales Problem »verwaltet« – sie war entwurzelt in der Bundesrepublik, alleinstehend, ohne Beruf, und sie konnte keinen Ort zum Leben finden.
Mich hat die Geschichte von Frau Antes als empfindsame und trotzige Frau mit der zweifelhaften Diagnose Schizophrenie traurig gemacht. Insbesondere, weil es mir so schwerfällt zu verstehen, was sie dazu bewegt, so ein eingeschränktes Leben zu führen, sich so extrem zurückzuziehen. Ich würde gern längere Zeit damit verbringen, mit ihr zu sprechen und die Gründe dafür genauer kennenzulernen, aber ich schaffe es zeitlich einfach nicht...

9
Die lieben Familien

Januar 86

Es ist schwierig, einen Bezug zur Vergangenheit der Frauen herzustellen. Die langen Jahre, die dazwischenliegen. Die Patientinnen sprechen kaum über früher – vielleicht weckt das zuviel Trauer, Wut und Angst. Auch wenn ich weiß, wie wichtig solche Gespräche sind, und ich mich darum bemühe, sie in Gang zu bringen, ist meine Aufmerksamkeit doch mehr auf den Klinikalltag gerichtet. Fragen, die darüber hinausgehen, nach der Familie, dem Dorf, der Arbeit, werden meist mit Erstaunen quittiert.
Eine Verbindung zur Vergangenheit sind die Angehörigen, aber dieser Kontakt ist oft sehr dünn. Viele Patientinnen bekommen, wenn überhaupt, nur zwei- bis dreimal im Jahr Besuch, nur selten Anrufe oder Post. Aber diese Besuche sind trotzdem Höhepunkte in ihrem Leben. Die Eltern oder Geschwister, seltener die Ehemänner gehen mit der Patientin in die Klinikcafeteria, ein bißchen spazieren und fahren dann wieder.
Maria Golte hat es in dieser Hinsicht relativ gut, sie bekommt regelmäßig Besuch von ihrer Schwester. Maria ist 44 Jahre, hat nur einen ganz geringen Wortschatz, näßt ein, hat viel Kraft und ist leicht wütend. Früher hat sie häufig Fensterscheiben und Türen zertrümmert, heute wirft sie nur noch mit Kaffeetassen und zerreißt ihre Kleider. Ihre Schwester kommt alle drei Monate. Sie ist freundlich zu Maria, ohne Vorwürfe gegenüber dem Personal und sehr zuverlässig. Maria freut sich sehr über die Besuche, wir können sie in der Zwischenzeit damit trösten, daß es bald wieder soweit ist. Wichtig und gut ist, daß die Schwester

dann auch wirklich kommt. Wenn die Verwandten unregelmäßig und ohne Vorankündigung Besuche machen, geht ein Teil der Vorfreude verloren, und es entsteht kein Gefühl von Verläßlichkeit.

Nur wenige Patientinnen sind oder waren verheiratet. Der Ehemann von Frau Böttger taucht gelegentlich auf, spricht aber weder mit mir noch mit den Schwestern. Als ich ihn danach frage, wird deutlich, daß er ein schlechtes Gewissen hat. Seine Frau ist seit zehn Jahren in der Klinik, er hat eine neue Partnerin, möchte sich aber aus finanziellen und aus religiösen Gründen nicht scheiden lassen.

Am Anfang der Klinikzeit ist der Kontakt zwischen PatientInnen und Angehörigen meist enger, langsam kommt es zur Entfremdung. Oft hat die Familie schon vorher eine lange Zeit mitgemacht, in der es Schwierigkeiten, Zerwürfnisse, längere oder kürzere Krankheitsphasen und Klinikaufenthalte gab.

Wie wäre es, wenn in meiner Familie jemand verrückt würde? Vielleicht meine Großmutter? Ich versuche, es mir vorzustellen.

Zuerst kommt sie in eine Klinik, es besteht die Hoffnung, daß es ihr bald wieder besser geht. Ich besuche sie regelmäßig und merke, daß sie sich immer mehr zurückzieht, apathischer wird und daß sich an ihrer Verwirrung nichts ändert.

Für mich ist es schwer vorstellbar, sie zu mir nach Hause zu nehmen, ich müßte meinen Beruf aufgeben oder zumindest stark einschränken.

Meine Mutter hat kein besonders gutes Verhältnis zu ihrer Schwiegermutter, aber sie will ausprobieren, ob sie mit ihr zurechtkommt – zunächst für ein Wochenende. Nachts schreit Großmutter plötzlich laut, hört nicht wieder auf, so daß der Hausarzt kommen muß. Am nächsten Tag läuft sie im Bademantel aus dem Haus. Der Nachbar bringt sie zurück, mit einem vorwurfsvollen Blick. Nach dem Wochen-

ende ist meine Mutter geschafft. Sie hat ein schlechtes Gewissen, weil sie Großmutter öfter angeschrien hat und weil sie merkt, sie kann nicht mit ihr zusammenleben.
Ich glaube, daß in vielen Familien Schuldgefühle eine wesentliche Rolle spielen, wenn ein Familienmitglied lange Jahre in der Klinik »untergebracht ist«.
Manche Angehörige machen das Personal für alles verantwortlich. Die Tochter ist wieder so dick geworden, ein Kleid ist abhanden gekommen, die Räume sind immer noch nicht renoviert.
Diese Vorwürfe veranlassen die Schwestern, den Verwandten aus dem Weg zu gehen und ihrerseits zu bemerken, wie unmöglich die Angehörigen sind: »Frau Verburg wird von ihrer Mutter, wenn sie schon mal kommt, gefüttert wie ein kleines Kind«; »das Ehepaar Ingvers streitet sich ständig, kein Wunder, daß die Tochter schizophren ist«.
Ein Teil der Vorwürfe und der Aggressivität mancher Angehöriger läßt nach, wenn es gelingt, das schlechte Gewissen anzusprechen und zu entlasten. Es ist wichtig, auch den »Leidensweg« der Familie zu verstehen und Entscheidungen, die getroffen wurden, zu akzeptieren.
Erst in den letzten Jahren erhalten Angehörige mehr Unterstützung, z. B. durch Familiengespräche oder Angehörigengruppen. Im Langzeitbereich ist das mit sehr viel Arbeit verbunden. Alte Kontakte müssen oft mühsam wieder gefördert werden.
Bei Frau Ingvers wollten wir in die Wege leiten, daß die Eltern sie für einen Nachmittag wieder einmal mit nach Hause nehmen. Das weckte bei ihnen viele Ängste: »Was sagen die Nachbarn zu unserer verrückten Tochter, die plötzlich wieder auftaucht? Was denken die anderen Kinder?« Alle brauchen für so einen Entschluß Zeit und dürfen sich nicht unter Druck gesetzt fühlen. Schließlich sagten die Eltern zu, und Frau Ingvers fuhr mit einer Sozialarbeiterin nach Hause. Dieser Besuch war für sie sehr wichtig, er be-

stärkte Frau Ingvers in ihrer Identität und in dem Gefühl, nicht völlig isoliert zu sein.
Ein anderer Besuch verlief sehr unbefriedigend:
Es ist fünf Uhr nachmittags. Ich hole Frau Clabes von der Station ab, und wir fahren zu dem Haus, in dem ihr Mann mit den Kindern lebt. Ein Fachwerkhaus, es wird gerade renoviert, ein gepflegter Garten.
Frau Clabes lebt seit vier Jahren in der Klinik, aber sie fährt oft am Wochenende heim. Sie erzählt häufig bei der Visite, daß sie zu viel zu Hause arbeite und daß es Ärger gebe mit ihrem Mann.
Für diesen Freitagnachmittag haben wir unseren Besuch angekündigt, um einiges zu besprechen. Ich kenne die Familie nicht, sie kommen nie in die Klinik.
Frau Clabes' Sohn ist in der Küche, er ist 18 Jahre alt.
Als er die Mutter sieht, sagt er: »Ich bekomme Ärger, du mußt gehen«, und schiebt sie verächtlich von sich.
Ich stelle mich vor und frage: »Wo ist Ihr Vater?«
»Im Bett, er ist erkältet und muß liegenbleiben.«
Ich glaube, daß es eine Ausrede ist, aber Frau Clabes fragt besorgt, ob er heute zur Arbeit gegangen sei.
Der Sohn soll offensichtlich die Situation in die Hand nehmen. Er will die Geschwister holen.
»Wenn man sie mal braucht, sind sie nicht da.«
Anni, 14, und Werner, 11 Jahre. Nachdem der älteste Sohn sie hereingerufen hat, lassen sie sich widerwillig von ihrer Mutter in den Arm nehmen und verschwinden dann wieder.
Der Sohn steht vor dem Küchenschrank. Ich versuche, vorsichtig ein Gespräch in Gang zu bringen.
»Was ist denn Ihrer Meinung nach problematisch bei den Besuchen der Mutter?«
»Sie sitzt den ganzen Tag in der Küche und qualmt. Ich habe mal gelesen, wenn man den Qualm einatmet, wird man dreimal so leicht davon krank wie die Raucher selber. Und

sie raucht immer so ekelhaftes Zeug, Schwarzer Krauser oder wie das heißt.«
Ich murmele: »So ganz stimmt das wohl nicht.«
»Und Mutter tut nichts.«
Frau Clabes protestiert. »Aber ich helfe doch mit, ich mache die ganze Wäsche.«
»Ja, aber nur wenn wir um Hilfe schreien.«
Der Ehemann in Turnhose stürmt herein und schreit seine Frau an.
»Du brauchst nicht mehr zu kommen.«
Danach knallt er die Tür zu und verschwindet wieder, laut schimpfend.
Dem Sohn stehen Tränen in den Augen.
Frau Clabes und ich fahren zurück in die Klinik.
Ich weiß nicht, wie lange der Kontakt zwischen Frau Clabes und ihrer Familie noch erhalten bleibt und ob es einen Weg gibt, ihn für beide Seiten befriedigender zu gestalten. Für die Arbeit mit solchen Familien wäre mindestens eine zusätzliche Stelle auf der Station notwendig. Wir haben aber noch nicht mal eine Sozialarbeiterin, die nur für die A 3 zuständig ist. Es ist einfach schrecklich.

10
Frauen gemeinsam sind stark –
manchmal auch auf der B 9

Februar 86

Die neue Station ist inzwischen ein Jahr alt.
Einiges gefällt mir ganz gut. Der Alltag wird eher gemeinschaftlich gestaltet. Susanne deckt häufig den Abendbrottisch, die Raucherecke wird abwechselnd geputzt, die Betten werden selbst bezogen. Schwester Carla ist wirklich davon überzeugt, daß es gut ist, wenn die Patientinnen soviel wie möglich allein machen.
Die Pflegedienstleitung quittiert diese Bemühungen mit leichtem Spott. Erfolge im Langzeitbereich zählen nicht so recht. Carla ist manchmal ziemlich sauer, wenn ihr Vorgesetzter wieder eine Bemerkung darüber macht, daß sie bei zwölf Patientinnen wohl nichts zu tun habe... Noch dazu, wo Beate da ist, die Pädagogin.
Für diese Stelle habe ich einen Antrag geschrieben, immer wieder beim Arbeitsamt nachgefragt und gedrängelt, aber es hat sich gelohnt.
Beate sitzt oft mit den Patientinnen zusammen und spricht mit ihnen – über ihre Vergangenheit, über die Meinung zu dem Fernsehfilm am Vorabend, über das, was demnächst gekocht werden soll. Welch ein Luxus, eine Pädagogin mit Therapieausbildung, die nur für zwölf Patientinnen zuständig ist und die sich Zeit nimmt zum Reden.
Die Stimmung ist besser geworden, es wird weniger geschwiegen. Auch die »Stillen« streiten sich manchmal und sagen gelegentlich, was sie denken.
Natürlich klappt nicht alles. Frau Gärtner mußten wir zurückverlegen auf die A 3, weil sie eine Mitpatientin mit dem Messer bedrohte.

Am besten gefällt mir, daß die Frauen untereinander mehr Beziehungen aufnehmen. Wenn Frau Ingvers sich nicht in die Stadt traut, bietet Frau Anger ihr manchmal an, sie mitzunehmen. Frau Clabes und Frau Anger unterstützen Susanne bei ihren Überlegungen im Hinblick auf eine neue Arbeit, erzählen von ihren eigenen Erfahrungen. Kleine Beispiele praktischer Solidarität, die auf der A 3 selten möglich waren.

Dort erschreckt mich immer wieder, wie isoliert die Frauen untereinander sind. Es gibt zwar Zigarettentausch, Geldgeschäfte und gelegentliche Gespräche, aber Freundschaften sind sehr selten. Sicher, insbesondere schizophrene Menschen sind Einzelgänger, trotzdem glaube ich, daß andere Strukturen mehr Austausch, Geborgenheit und Stärke schaffen können. Das ist für mich innerhalb der Psychiatrie nicht anders als außerhalb – wenn wir als Frauen etwas verändern wollen, ist es wichtig, daß wir uns gegenseitig unterstützen.

Feministische Ansätze in der Psychiatrie – das bedeutet für mich, Frauen in ihren Widersprüchlichkeiten zu respektieren, ihre Krankheit auch als Ergebnis ihrer Lebensgeschichte und als unbewußten Protest dagegen zu sehen.

Unter welchen Lebensumständen entsteht eine schwere Depression oder eine schizophrene Psychose bei Frauen? Welche Rolle spielt sexuelle Gewalt? Bisher gibt es lediglich erste Versuche feministischer Analysen von Wahnsinn und Psychosen bei Frauen. Analysen aus der Soziologie, Psychologie und der Psychoanalyse müßten in die Arbeit mit psychisch erkrankten Frauen einbezogen werden. Doch die medizinische Orientierung in der Psychiatrie, die männliche Dominanz in der Hierarchie, die emotionale Überforderung der weiblichen Angestellten sind einige der Faktoren, die dies verhindern.

Auch Inge und ich sind auf der Station so damit beschäftigt,

die Routine zu bewältigen und das alltägliche Elend zu lindern, daß theoretische Überlegungen zu kurz kommen.
Ähnlich wie zu der Entstehung psychischer Krankheiten haben wir viele Fragen zu Behandlungsansätzen. Was ist neben bzw. statt der Behandlung mit Medikamenten besonders für psychotische Frauen wichtig? Welche institutionellen Bedingungen sind günstig für Frauen?
Im Bereich der Psychotherapie haben in den 70er Jahren Frauen damit begonnen, traditionelle Behandlungsformen zu kritisieren, erfolgreich eigene Konzepte zu entwickeln und feministische Beratungsstellen aufzubauen. Es wurde schon recht viel an Literatur veröffentlicht. Regelmäßige Treffen der Therapeutinnen finden statt, es gibt Fortbildung und Supervision.
Ähnliche Ansätze wünsche ich mir für die Psychiatrie, aber wahrscheinlich ist dies – genau wie in der Psychotherapie – zunächst nur außerhalb des institutionellen Rahmens möglich, vielleicht auch nur wünschenswert? Das hieße z. B. Wohngemeinschaften für Frauen aus der Psychiatrie, feministische Krisenzentren mit Möglichkeiten zur stationären Aufnahme und Arbeitsgruppen zu bestimmten Themen.
Wir haben eine kleine Frauengruppe in der Klinik gegründet, an der einige der Pädagoginnen und ich teilnehmen. Es tut gut, daß wir uns Zeit dafür nehmen, Erfahrungen auszutauschen, über unsere Gefühle bei der Arbeit zu sprechen, aber auch gemeinsam nachzudenken und nach Ansätzen für Veränderungen zu suchen.

11
Küche, kochen, essen

März 86

Feminismus die Theorie, Kochen die Praxis?
Inge und ich haben manchmal überlegt, ob es gut ist, eine so frauenspezifische Tätigkeit wie Kochen zu fördern. Aber es ist das, was die Patientinnen als Voraussetzung zu einem selbständigen Leben brauchen, und es macht Spaß.
Gelegentlich werde ich zum Essen eingeladen. An der Kochgruppe nehmen vier Frauen teil. Frau Verburg braucht sehr viel Hilfe und Unterstützung, kommt aber gern. Frau Böttger als Hausarbeiterin auf der Station kennt sich mit vielen Haushaltsdingen gut aus, hat aber lange nicht mehr gekocht. Frau Törner geht mit, übernimmt zögernd kleine Arbeiten und schweigt sonst. Frau Taller ist die einzige, die viel redet und manchmal ein ziemliches Durcheinander in der Küche verbreitet.
Die Küche und das Eßzimmer sind in einem anderen Gebäude außerhalb der Station. Alle Lebensmittel müssen dorthin gebracht werden. Aber es ist ein Raum, in dem eine private Atmosphäre entstehen kann, wo die anderen Patientinnen und auch die Schwestern nicht hineinplatzen können. Die beiden Zimmer sind recht kahl und spartanisch, ein verwohnter Fußboden mit grauem Linoleum, blaßgelbe Wände, ein Schleiflack-Geschirrschrank, ein uralter Küchenschrank, ein großer Tisch mit acht Stühlen. Um eine Spüle und einen Kühlschrank mußte Inge bei der Verwaltung hart kämpfen.
Die Versuche zur Verschönerung waren mühsam – die Gruppe einigte sich darauf, Ableger aus der Gärtnerei zu besorgen und einzupflanzen. Anfangs hing es von der Stim-

mung der Frauen ab, ob die Pflanzen regelmäßig gegossen wurden oder nicht, später haben sich Frau Böttger und Frau Törner ständig und gewissenhaft darum gekümmert. Dann wurden einige selbstgemalte Bilder aufgehängt.

Jetzt müssen die Frauen den Raum mit einer Gruppe von der Männerstation teilen, und es ist nicht mehr allein »ihr« Raum. Neulich gab es Ärger, weil sich die Frauen beschwert haben, daß die Männer nicht den Fußboden wischen, und weil die Frauen daraufhin auch aufgehört haben, dies zu tun.

Neben der Küche ist eine Tischlerei, in der sechs Männer arbeiten. Frau Taller schlug vor, für die Männer Frikadellen zu braten, was großen Anklang fand.

Dieses Mal gibt es Schnitzel mit Kartoffeln und Tomatensalat, als Nachtisch Schokoladenpudding. Die Auswahl hat die Gruppe vorher auf der Station getroffen. Es gibt drei oder vier Gerichte, die immer wieder vorgeschlagen werden, dazu gehört auch Schnitzel. Inge hat Kochbücher gekauft und schneidet manchmal Rezepte aus, aber das stößt auf wenig Resonanz. Zu vielen der modernen Gerichte haben die Frauen keinen Bezug. Als sich Frau Böttger neulich Pizza gewünscht hat, war das eine ziemliche Ausnahme. Manchmal tauchen Erinnerungen an früher auf – es werden gebratene Tauben vorgeschlagen oder die Möhrensuppe, wie sie die Mutter gekocht hat, beides ist aber auch schwer zu realisieren.

Frau Verburg holt sich ein Messer zum Kartoffelschälen. Sie hat schon eine Kartoffel in der Hand, und auf dem Weg zurück fängt sie mit dem Schälen an. Frau Taller sagt leicht gereizt: »Jetzt setzen Sie sich doch erst mal.« Anfangs hat sie ihr das Messer aus der Hand genommen, als sie sah, wie langsam und ungeschickt Frau Verburg gearbeitet hat. Jetzt kann sie leichter dabei zusehen. Frau Böttger paniert die Schnitzel. Einmal hat sie sie mit Vanillepulver statt Mehl paniert, jetzt achtet sie darauf, daß alles stimmt. Frau Tör-

ner schneidet die Tomaten, Frau Taller macht den Schokoladenpudding.
Beim Essen ist es ziemlich still. Ich bin überrascht, wie höflich die Umgangsformen sind. Jede nimmt erst eine kleine Portion, ißt und kaut viel langsamer als sonst. Gier und Neid, wie sie in der großen Gruppe auf der Station auftreten, sind ersetzt worden durch die Frage an die anderen: »Darf ich noch etwas Tomatensalat haben?« Das Gespräch ist zäh, nur Frau Taller fragt mich, wie es mir schmeckt. Ich finde, es ist ganz gut gelungen.
Nach dem Essen fängt Frau Böttger an abzuwaschen. Abtrocknen, ausfegen, zusammenpacken – das war's.

Am Anfang haben sich alle vier Frauen der Gruppe passiv verhalten. Innerhalb eines Jahres hat sich einiges geändert, es werden öfter eigene Wünsche und Gedanken formuliert, leichter bestimmte Aufgaben übernommen und auch mehr Verantwortung. Ich weiß nicht, wie es wäre, wenn diese Frauen plötzlich in der Stadt in einer Wohnung leben würden und sich versorgen müßten. Ich glaube, die verschütteten Fähigkeiten kämen leichter zurück, auch wenn es halt nur Butterbrot und gelegentlich ein Spiegelei zu essen gäbe.
Aber eine Veränderung, sei es eine neue Wohnsituation oder gar eine Entlassung, ist sowohl für die Patientinnen als auch für die Umgebung schwer vorstellbar. Frau Törner kann doch gar nicht waschen und ihre Wohnung putzen. Verwahrlosungsgefahr! Und sie selbst traut sich auch überhaupt nichts mehr zu. Außerdem gibt es zur Zeit keine Möglichkeit für eine Entlassung, z. B. die Aussicht auf eine betreute Wohngemeinschaft. Es gibt nur die Kochgruppe einmal in der Woche. Unsere Anstrengungen bleiben, wie Inge sagt, ein Tropfen auf dem heißen Stein. Mich ärgert, wie die Totalversorgung im Krankenhaus Abhängigkeiten aufrechterhält und eine Entlassung erschwert.

Aber die Männer, die diese Strukturen geschaffen haben, leben ja auch so, sie werden bekocht, die Wäsche wird gewaschen, der Kleinkram erledigt. Ich glaube, daß aus ihrer Perspektive solche Widersprüche weniger auffallen und weniger wichtig sind.

12
Im Nachtdienst
bin ich richtige Ärztin

April 86

Im Nachtdienst arbeite ich »richtig« ärztlich, auch im weißen Kittel. Alle Instrumente – Stethoskop, Reflexhammer, Taschenlampe, Kulis, Notizblock – sind griffbereit, natürlich auch der »Pieper«, mit dem ich jederzeit erreichbar bin. Wie in der Schwarzwaldklinik, na ja oder doch nicht ganz so.
Ich bin zuständig für alles, was innerhalb der Klinik passiert, z. B. wenn ein Patient plötzlich Bauchschmerzen bekommt oder wenn er aggressiv wird. Außerdem für die »Neuaufnahmen«, das sind die PatientInnen, die abends oder nachts entweder selbst kommen oder von der Polizei oder den Angehörigen gebracht werden. Manchmal ist sehr viel zu tun, gibt es auch viele aufregende Situationen, dann wieder ist es ruhig.
Bin ich stolz darauf, daß ich diese Arbeit leisten kann, daß ich die Belastung und den Streß aushalten kann? Eigentlich ja. Ich muß Entscheidungen fällen und das Richtige tun, sowohl bei Suizidversuchen als auch bei Entzugssymptomen oder dem Verdacht auf einen Herzinfarkt. Es ist ein Oberarzt im Hintergrund, doch die meisten Probleme löse ich allein.
Aber im Grunde kann ich Nachtdienste nicht leiden, ich fühle mich eingesperrt, schlafe meistens schlecht. Auch wenn nicht viel zu tun ist, bin ich am nächsten Tag überlastet und oft schlecht gelaunt. Merkwürdigerweise wird es nicht besser mit zunehmender Erfahrung in der klinischen Arbeit, sondern schlimmer, wahrscheinlich ist es das Gefühl, ich habe meinen Teil an Nachtdiensten allmählich ab-

geleistet. Es ist weniger die Verantwortung, die ich scheue, als die vielen Stunden in der Klinik. Nachtdienst bedeutet, daß ich ungefähr 30 Stunden hintereinander in der Klinik bin. Erst ein normaler Arbeitstag, dann bin ich abends und nachts allein verantwortlich, dann wieder ein Arbeitstag.
Meine FreundInnen vergessen das meistens. »Ach, du hast Nachtwache«, sie denken, ich arbeite eine Nacht.
Es gibt ein Appartement, in dem sich die sogenannte »Diensthabende« aufhalten kann, mit Küche, Bett und Farbfernseher. Alles ist völlig aufgeräumt, sauber, unpersönlich, die Einrichtung ist häßlich. Ich nehme mir immer Brot und Aufschnitt mit, Käse, Kekse und Obst. Ich versuche, gut zu essen, es mir etwas gemütlich zu machen, zu entspannen, wenn nichts zu tun ist.

Heute ist es ganz ruhig, keine Neuaufnahmen, nur ein paar Anrufe.
Frau Hagen hat Angst, sich etwas anzutun, sie möchte auf eigenen Wunsch für eine Nacht von der offenen auf die geschlossene Station verlegt werden. Weil es schon halb zwölf ist und ich sie gut kenne, spreche ich nur kurz mit ihr. Dann rufe ich auf der Geschlossenen an, ob noch ein Bett frei sei, was die Schwester leicht murrend bestätigt. Ich stimme der Verlegung zu und verweise Frau Hagen auf ein Gespräch mit der Stationsärztin am nächsten Tag.
Geschlossene Frauenaufnahmestation. Es gibt neben den üblichen Zimmern einen Wachsaal, in dem sich immer mindestens eine Schwester aufhält. In diesem Raum herrscht oft eine unruhige Stimmung. Frauen, die vor sich hin murmeln, manchmal laut werden, manchmal apathisch im Bett liegen. Für mich ist diese Station Alltag, »Normalität«, andere würden es wahrscheinlich fremd und unheimlich finden, vielleicht an den Film »Einer flog übers Kuckucksnest« denken.

Mitten in der Nacht schreckt mich noch ein Anruf aus dem Schlaf.
»Hier ist Frau Bürger, ist Frau Dr. Siegmann da?«
»Nein.« Ich versuche, meine Gedanken zu ordnen und ihr zu erklären, daß Frau Dr. Siegmann heute nacht nicht zu erreichen ist.
Im Hintergrund laute Musik, Stimmengewirr.
»Ja, ein Mann tickt hier aus.«
Ich sage, daß ich den Mann sprechen möchte.
»Wer sind Sie?« frage ich, als er ans Telefon kommt.
»Hier ist ein Hund«, antwortet er.
Ich versuche, die Kommunikation aufrechtzuerhalten, um herauszufinden, was los ist. Aber er legt plötzlich auf, und das Gespräch ist unterbrochen.
Einerseits bin ich froh, keinen neuen Patienten mehr aufnehmen zu müssen, andererseits etwas beunruhigt. War er psychotisch? Betrunken? Oder aus anderen Gründen durcheinander?
Ich denke an ein Telefongespräch in meinem letzten Nachtdienst, als ich von einem Mann einen obszönen Anruf erhielt. Ich habe versucht, herauszufinden, ob es ein Patient war, kam damit aber nicht weiter. Dann habe ich gesagt, ich würde die Polizei einschalten, und habe aufgelegt. Das Dienstzimmer ist zu ebener Erde, mit großen Fenstern. Manchmal habe ich hier ein unbehagliches Gefühl.
Beim Einschlafen habe ich noch einmal darüber nachgedacht, wie es ist, nachts durch die alten Gänge zu laufen und auf einen Mann, vielleicht auch auf eine Frau zu stoßen, der oder die aggressive Wahnideen äußert. Sicher, ich erschrecke dann, aber es ist anders, als wenn mir jemand mit geballten Fäusten und laut fluchend unvermittelt in der Stadt begegnet. Hier bin ich innerlich darauf eingestellt, das Überraschungsmoment fällt weg. Ich kenne die meisten PatientInnen, weiß einiges über ihr Leben und ihre Gefühle. Außerdem bin ich in einer Machtposition dadurch, daß ich

die Schlüssel für alle Stationen habe, und dadurch, daß ich die Anordnungen erteile. Aber natürlich kommen körperliche Angriffe auf das Krankenhauspersonal vor.
Neulich ist ein Kollege von einem Patienten mit dem Messer angegriffen worden und hat sich eine nicht unerhebliche Gesichtsverletzung zugezogen. Das hätte wortwörtlich ins Auge gehen können.
Die Angst taucht nur gelegentlich auf. Nachts begleitet mich meistens ein Pfleger auf dem Gelände, außerdem habe ich Selbstverteidigung gelernt.

13
Frau Warneckes Verweigerungsstrategie

April 86

Es kommt hier auf den langen Atem an. Veränderungen finden nicht in Monaten, sondern in Jahren statt. Ich glaube, ich muß noch mindestens ein Jahr bleiben, um die Ergebnisse meiner Arbeit zu sehen.
Auf der A 3 geht es einigen Patientinnen besser, bei einigen anderen sind Veränderungen geplant. Für die stille Frau Törner hat ihr Vormund, eine sehr engagierte ältere Dame, einen Pflegeplatz in einer Familie in Süddeutschland gefunden. Frau Törner äußert sich nicht dazu, aber wenn die Formalitäten geregelt sind, soll sie es ausprobieren. Frau Antes und Frau Unterdorf gehen gelegentlich zusammen mit Inge in die Cafeteria oder in die Stadt. Was aus Frau Antes werden soll, weiß ich nicht. Ich finde, sie sollte woanders leben, aber sie möchte auf keinen Fall Frau Unterdorf allein lassen. Und für Frau Unterdorf wird es schwierig sein, eine Möglichkeit zu finden. Niemand möchte einen ständig bespuckten Boden. Die alten Damen, Frau Linger und Frau Schmidtke, werden in der Klinik sterben.
Eine ganz plötzliche Veränderung hat sich bei Frau Warnecke ergeben.
Frau Warnecke wollte nie bleiben. 13 Jahre war sie im Landeskrankenhaus auf geschlossenen Stationen, hat immer geschimpft, sich verweigert und für ihre Entlassung gekämpft. Obwohl sie eine »schwierige« Patientin war – weniger wegen ihrer Schizophrenie als wegen ihrer Aggressivität –, konnte sie schließlich gehen. Sie wurde von ihrer Cousine abgeholt, die sich ziemlich überraschend entschlossen hatte, sie bei sich aufzunehmen.

Frau Warnecke hatte immer prophezeit, über lange Jahre hinweg, daß ihre Kinder oder ihre Verwandten sie holen würden. Auf der Station nahm das niemand ernst. Sie bekam keinen Besuch von Verwandten, nur ganz selten Post. Wir versuchten, einen Besuch des fast erwachsenen Sohnes zu arrangieren, aber er wollte nicht kommen.
Frau Warnecke war angezogen wie in den 50er Jahren; sie weigerte sich, neue Kleidung zu kaufen. Sie wollte nichts annehmen vom Sozialamt oder von dem Geld, das ihr der Vormund schickte. Auch sein Weihnachtspäckchen ließ sie zurückgehen. Sie wollte keinen Vormund und demzufolge auch kein Päckchen und kein Geld von ihm.
Auf der Station meckerte sie über alles, was ihr häufig den Unmut der Schwestern und auch der Mitpatientinnen eintrug.
An der Visite nahm sie grundsätzlich nicht teil. Sie verweigerte alle medizinischen Untersuchungen wie Blutdruckkontrollen, Blutentnahmen, Röntgenuntersuchungen usw. Aufklärende Gespräche über medizinische Notwendigkeiten waren sinnlos. Hohe Blutdruckwerte spürte sie nicht, warum sollte sie sie messen lassen? Für mich als Ärztin immer wieder ein Ärgernis, ein Machtkampf, den sie gewann, weil ich sie nicht zwingen konnte und wollte.
Ihre fettigen Haare verschwanden unter einem alten Kopftuch. Gelegentlich gab es Streit ums Baden und um das Haarewaschen, den sie mit den Schwestern austrug. Es wurden immer wieder Ansätze gemacht, ihr bestimmte Badetage vorzuschreiben. Manchmal klappte es, aber bei knapper Personalbesetzung wurde es dann wieder vergessen und verlief im Sande. Auf lange Sicht setzte sich doch Frau Warnecke mit ihrer Vorstellung von körperlicher Hygiene durch.
Manchmal kam sie zu mir, erzählte von ihren Kindern und zeigte mir Briefe von ihnen. Ich ermunterte sie, weiterzuschreiben. Sie wollte mit ihren Kindern zusammenziehen.

Ich widersprach ihr nicht, konnte es mir allerdings bei ihrer Kratzbürstigkeit kaum vorstellen. Im übrigen glaubte ich nicht daran, daß die Familie sich so für sie einsetzen würde. Aber, »man weiß ja nie«.

Sie war immer allein, hatte keine Kontakte zu den Schwestern oder den Mitpatientinnen, bzw. ihre Kontakte beschränkten sich darauf, andere zu beschimpfen. Manchmal traf es auch mich.

»Was reden Sie denn da?« tönte es dann aus dem Hintergrund bei der Stationsversammlung. Sie nahm nie daran teil, gab aber manchmal auf dem Weg zum Eßzimmer, wo die Versammlung stattfand, ihre Kommentare ab. Auch bei allen therapeutischen Aktivitäten, bei Freizeitangeboten, Stationsausflügen verweigerte sie die Teilnahme.

Aber sie ist eine der wenigen, die entlassen wurden. Sie schickte nochmals einen Brief an mehrere Verwandte mit der Aufforderung, sie herauszuholen. In der Familie der Cousine waren einige Veränderungen eingetreten; es war ein Zimmer freigeworden, weil die Kinder aus dem Haus gegangen waren. Die Cousine machte jetzt ganz überraschend den Vorschlag, sie wolle es mit Frau Warnecke versuchen.

Sie nahm sie zunächst für eine Woche mit, beide kamen dann zurück und erzählten, es sei gutgegangen. Mit leiser Skepsis und der Versicherung, sie könne jederzeit zurückkommen oder zurückgebracht werden, wenn die Angehörigen sich überfordert fühlten, entließen wir Frau Warnecke.

Sie lebt jetzt seit einem Monat bei der Cousine, und es geht gut. Hoffentlich bleibt es so.

Manchmal überlege ich, ob ihre konsequente Verweigerungsstrategie dazu beigetragen hat, daß eine Entlassung möglich wurde. Das würde allerdings sämtliche kleinen Therapieschritte ad absurdum führen. Ich weiß es nicht. Es gibt auch PatientInnen, die nach »langsamer« stufenweiser

Rehabilitation – geschlossene Station – offene Station mit viel Betreuung – Wohnstation mit wenig Betreuung – entlassen werden.
Es erinnert mich an die alte Frage nach gesellschaftlichen Veränderungen: Was ist sinnvoller, die Revolution oder der Weg der vielen kleinen Reformen?

14
Krisen – in Tschernobyl
und bei Frau Taller

Mai 86

Vor vier Wochen war in Tschernobyl die Reaktorkatastrophe. Ich bin ziemlich durcheinander – die kontinuierliche Zerstörung dieser Welt. Revolution oder Reform, bald werden wir uns darüber keine Gedanken mehr machen müssen.
In einer derartig deprimierten Stimmung ist mir die Arbeit ein Halt. Wenn alles zusammenbricht, ich kümmere mich trotzdem darum, daß Frau Törner ein Paar orthopädische Schuhe bekommt und daß Susanne mit einer neuen Arbeit anfängt. Ich habe noch nie so stark gespürt wie jetzt, daß diese Kleinigkeiten Sinn geben können. Gegenüber der großen Zerstörung fühle ich nur Ohnmacht, auch wenn ich an Demonstrationen und Kundgebungen teilnehme.
Mit den Patientinnen spreche ich gelegentlich darüber. Einige haben aus dem Fernsehen davon gehört, sind aber trotzdem ohne Regenschirm nach draußen gegangen, andere wollen davon nichts wissen. »Warum macht Gott so was?« fragt Frau Anger.
»Ich weiß es nicht.«
Frau Warnecke ist noch bei ihrer Cousine, es geht ihr gut.

Mit einigen Patientinnen mache ich eine Gruppenvisite. Bei diesen Gesprächen überlasse ich die Initiative den Patientinnen, weil ich es für wichtig halte, daß sie eigene Wünsche und Impulse wahrnehmen. Ich versuche, meine Vorstellungen möglichst transparent zu machen. Die Schwestern sind manchmal überrascht, wenn ich so vieles – Medikamente, Verlegungen, Entlassungen – offen diskutiere, aber sie gewöhnen sich daran und werden auch selbst besser durchschaubar. Die Patientinnen spüren so viel von dem, was in uns vorgeht, und sind dankbar, wenn sie darüber nicht getäuscht werden.

Heute gab es Schwierigkeiten mit Frau Taller.
Die Visite ist morgens um neun Uhr im Raucherzimmer, einem recht kleinen, kahlen Raum. Manche Frauen denken von allein daran, andere werden von den Schwestern gerufen oder geholt. Schwester Marianne als einzige in Weiß. Es beruhigt mich, wenn sie dabei ist. Sie ist eine gestandene Frau, interessiert, sagt ihre Meinung, ist hilfreich.
Frau Taller beginnt: »Ich kann gut schlafen, Frau Doktor, es geht mir gut.« Ein mehr ritueller Satz, mit dem sie häufig die Visite einleitet.
Frau Taller ist Anfang 60, graue Haare, sieht vornehmer, distinguierter aus als die anderen. Sie ist mit kurzen Unterbrechungen seit 44 Jahren im Landeskrankenhaus.
»Ja, und mit der Arbeit komme ich gut zurecht.«
Seit einem halben Jahr ist sie in der Schneiderei beschäftigt. Niemand von uns hätte ihr zugetraut, daß sie das schafft oder gar längere Zeit durchhält. Es war ihre eigene Idee. Wie so oft kam es darauf an, ihre Wünsche zu beachten und ihr dann dafür eine Möglichkeit bereitzustellen. Jetzt fühlt sie sich mit ihrer Arbeit gebraucht und akzeptiert. Sie spricht ein bißchen darüber, was sie dort näht und was der Chef zu ihr gesagt hat. Ziemlich schnell, ohne Pausen zwischen den Sätzen. Dann geht es darum, daß ich ihre Medikamente reduziert habe. Schwester Marianne sagt zu Frau Taller: »Ich habe den Eindruck, Sie sind lebhafter als sonst.« Sie ist möglichst wenig wertend, aber Frau Taller versteht sofort die Aussage – mit weniger Medikamenten sei sie manisch und aufgedreht.
Sie reagiert gereizt. Sie sagt nichts direkt zu Schwester Marianne, wendet sich von ihr ab.

»Wo soll ich denn lebhaft sein, es hört mir ja doch keiner zu, es ist niemand da für mich, ist doch Unsinn.«
Der vorwurfsvolle Ton von Frau Taller. Sie spricht, ohne auf die Reaktion der anderen Person zu achten. Das ist ein schlechtes Zeichen.
Ich sehe auf die Kurve und bemerke, daß Frau Taller sehr viel weniger Medikamente bekommt, als wir besprochen haben. Wir versuchen, den Fehler zurückzuverfolgen, aber es gelingt uns nicht.
Hoffentlich gerät sie nicht in eine Krise. Sie war jetzt fast zwei Jahre ganz stabil. Sie ist nicht mehr nackt und ungekämmt zwischen Bett und Flur hin- und hergelaufen, mußte nicht mehr wie in ihren depressiven Zeiten gefüttert werden und hat keine Schwestern und Mitpatientinnen mehr geschlagen, wenn sie manisch war.
Sie hat eine gute Beziehung zu Inge entwickelt und fast an allen Aktivitäten teilgenommen. Inge und ich waren ganz erfreut darüber, daß es ihr so gut ging.
In den letzten 20 Jahren ist Frau Taller immer dann, wenn es ihr besser ging, auf eine offene Station verlegt worden. Nach einem halben Jahr oder einem Jahr kam sie in einer Krise wieder zurück auf die Geschlossene.
Wir hatten uns überlegt, daß diese ständigen Wechsel belastend für sie sind, und haben erst mal alles so gelassen, wie es war.
Nachdem es ihr jetzt zwei Jahre gutging, hat Frau Taller selbst öfter gesagt, sie möchte in ein Altersheim gehen. Wir haben ihren Wunsch mit leiser Skepsis zur Kenntnis genommen, aber in letzter Zeit eine Realisierung doch für möglich gehalten. Die Schwestern sind aufgrund ihrer langen Erfahrung mit Frau Taller weniger optimistisch. Sie ist bei ihnen durch ihre klarsichtige, aber auch oft sehr nörgelige Art nicht sehr beliebt; sie geben ihr wenig Chancen, in einer anderen Umgebung zurechtzukommen.
Ich wollte die Medikamente reduzieren, weil es ihr gutging,

aber jetzt hat sie irrtümlicherweise zu wenig bekommen. Wer da wohl falsch hingesehen oder nicht zugehört hat? Ich habe wieder eine höhere Dosierung angeordnet, aber ich befürchte, sie ist schon dabei, in eine Krise zu rutschen. Vielleicht spielt neben den Medikamenten unbewußt auch ihre eigene Angst vor Veränderungen eine Rolle. Eine Entlassung nach so vielen Jahren ist für sie nicht leicht vorstellbar, löst sicher viele Gefühle aus.

15
Der Krampf mit den Psychopillen

Juni 86

Zu meiner Arbeit gehört der Umgang mit Psychopharmaka. Für viele hat das Wort einen dubiosen Klang, mit Assoziationen wie Sucht oder Dämpfung. Die Patientinnen auf unserer Station bekommen sogenannte Neuroleptika, z. B. Haldol oder Neurocil. Haldol wirkt hauptsächlich »antipsychotisch«, d. h. es unterdrückt zumindest teilweise den Wahn. Es gibt zu Recht viel Kritik daran. Aber wenn ich mir vorstelle, ich werde von der Vorstellung gequält, daß ich jede Nacht vergewaltigt oder durch einen Fleischwolf gedreht werde, weiß ich auch nicht, wie lange ich das aushalten könnte. Neurocil dagegen wirkt eher dämpfend. Es wirkt auf das gesamte Nervensystem, macht auch müde.

Bei vielen Patientinnen führen Neuroleptika zu Bewegungsstörungen, einem steifen Gang oder unwillkürlichen Gesichtsbewegungen. Wie bei Frau Unterdorf, die immer ihre Zunge herausstreckt. Ein Teil dieser Nebenwirkungen verschwindet nicht mehr, auch wenn das Medikament abgesetzt wird.

Ich glaube, daß bei sehr guter personalintensiver Betreuung viele Medikamente nicht gegeben werden müßten. Bei aufgeregten oder aggressiven PatientInnen müßte es eine Art Intensivstation geben, auf der nur für diese Patientin oder diesen Patienten ein Pfleger oder Schwestern rund um die Uhr verfügbar wären. Die Patientin oder der Patient mit ihrer Angst, ihrer Wut, ihrem Wahn müßte so »intensiv« betreut werden wie andere Kranke mit Hilfe von Beatmungsgeräten oder Dauerinfusionen, nur in diesem Fall

müßte es eine emotionale Betreuung sein. Aber das ist angeblich zu teuer und wird nur in einigen Modellversuchen durchgeführt.
Ich muß also als Ärztin dafür sorgen, daß auf einer Station mit jetzt 30 Patientinnen und zwei Nachtwachen nicht das Chaos ausbricht. Wer kann und will die vielen intensiven Gefühle auffangen? Je weniger Medikamente, um so besser, sicher, aber wo liegt die Grenze? Was kann den Patientinnen, den Mitpatientinnen, den Schwestern, der Familie an »Verrücktheit« zugemutet werden? Ich habe zwar die Verantwortung, aber bin die wenigste Zeit direkt betroffen.
Auf meiner Station bekommen fast alle Patientinnen seit Jahren Psychopharmaka, in der letzten Zeit meistens eine sogenannte Depot-Spritze, d. h. Neuroleptika, die ca. zwei bis vier Wochen nach Verabreichen der Spritze noch wirksam sind. Der Körper und die Psyche der Frauen sind auf diese Medikamente eingestellt. Alle Versuche, sie zu reduzieren oder abzusetzen, bringen dieses Gleichgewicht durcheinander und müssen langsam und sorgfältig erfolgen.

Bei Frau Taller ging es schief. Nachdem es ihr zwei Jahre lang recht gut ging, hatte sie jetzt einen Rückfall.
Zur Zeit redet sie laut und viel, ohne anderen zuzuhören, verliert zwischendurch den Faden, kommt auf ein anderes Thema, verheddert sich. Beschimpft, tritt und schlägt Mitpatientinnen.
Dies ist eine Art, manisch zu reagieren. Es kann aber auch so sein, daß eine Frau voller Schwung und Ideen ist, nicht mehr schläft, sich für die Größte hält und ihr ganzes Geld ausgibt. Manische Stimmungen können ganz unterschiedlich aussehen, sowohl himmelhochjauchzend als auch gereizt und aggressiv.
Die Depression als Gegenpol kennen Frauen ja besonders gut. Das Gefühl, nichts wert zu sein; Resignation, Sinn-

losigkeit, Rückzug, der Wunsch zu sterben. Manche Formen der Depression werden »endogen« genannt, d. h. die Ursachen sind zur Zeit nicht erklärbar. Die Manie und die endogene Depression zählen zu den Psychosen.

Frau Taller wurde mit 17 Jahren das erste Mal wegen eines »aggressiven Erregungszustandes« zwangseingewiesen. Das war während des Faschismus. Sie hat mir neulich erzählt, daß die Krankenschwestern sie damals hinter einem Schrank versteckt hätten, um zu verhindern, daß sie verlegt und ermordet wurde. Sie habe ihnen leid getan, weil sie so jung war, deswegen habe sie überlebt.
Mit 25 Jahren wurde sie nach einem Streit mit ihrem Vater das zweite Mal stationär aufgenommen. Sie hatte den Schreinereibetrieb in den Nachkriegsjahren geführt, der Vater hatte dann jedoch den Mann der jüngeren Schwester zum Betriebsleiter gemacht. In den folgenden Jahren wurde sie zehnmal eingewiesen und wieder entlassen. Als sie 32 Jahre alt war, brach sich ihr Vater in einem Streit mit ihr einen Rückenwirbel. Sie hatte ihn gegen den Herd gestoßen. Danach wurde sie entmündigt und blieb im Krankenhaus. Mit 40 Jahren versuchte sie, sich das Leben zu nehmen. Sie fühlte sich an allem Unglück dieser Welt schuldig. Seitdem wechseln Erregungszustände, Selbstmordversuche und Phasen von völligem Rückzug, in denen sie nur noch im Bett liegt. Nur gelegentlich gibt es Zeiten, in denen es ihr besser geht.
Medikamentös ist in den langen Jahren vieles probiert worden: Lithium – ein Medikament gegen die Stimmungsschwankungen –, die ganze Palette der Neuroleptika, Medikamentenpausen, vor der Neuroleptika-Ära immer wieder Elektroschocks. Aber es kamen neue Krisen, wie jetzt auch. Was hat gefehlt? Zuwendung, eine Aufgabe, Anerkennung, menschliche Nähe, Zukunftsperspektiven?

Die Zwiespältigkeit der Medikamentengabe. Ich finde es gut, möglichst wenig Medikamente zu geben, sehe aber auch zumindest unter den derzeitigen Bedingungen wenig Alternativen. Die durch Medikamente gewonnene Ruhe bezahlen die PatientInnen mit den Nebenwirkungen, zum Teil mit körperlichen Behinderungen. Warum ist für Behandlungsformen, die die Psyche und das soziale Umfeld in den Vordergrund stellen, so wenig Geld und Interesse da?

16
Frau Doktors Mantel stößt auf Kritik

August 86

Als Frau Taller erzählt hat, wie sie den Faschismus überlebt hat, habe ich mich gefragt, was die anderen Frauen in dieser Zeit erlebt haben. Aber sie sprechen nicht darüber. Bald werden sie gestorben sein. Ich möchte wirklich gern wissen, wie viele PatientInnen aus dieser Klinik Ende der 30er, Anfang der 40er Jahre getötet wurden, und auch, wieviel versteckt und gerettet wurden. Es ist bezeichnend, daß es dazu keine Aufarbeitung oder Dokumentation gibt.
Frau Taller geht es wieder besser. Eine Erleichterung für die ganze Station. Neulich hatte ich ein Erlebnis mit ihr, über das ich länger nachgedacht habe. Es war bei der Stationsversammlung, die ich neu eingeführt habe.
Dort können einmal pro Woche alle Patientinnen ihre Wünsche, ihre Kritik, ihre Vorstellungen vorbringen. Das Problem besteht einerseits darin, sich für die Erfüllung der Wünsche einzusetzen, was manchmal recht mühsam ist, andererseits darin, ein Klima zu schaffen, in dem sich die Frauen überhaupt äußern. Oft müssen wir Themen vorgeben, Vorschläge machen. Die Patientinnen sind schon so lange nicht mehr nach ihrer Meinung gefragt worden, daß sie kaum noch etwas sagen. Schweigen und Passivität bestimmen das Bild. Eine Patientin beklagt sich laut über Verstopfung, ich sage, daß körperliche Beschwerden in die Visite gehören. Maria Golte läuft zwischen den Stühlen herum, findet keine Ruhe. Die Alkoholikerin macht einen Vorschlag für das Bad, sie möchte mehr Haken für die Handtücher. Schwester Jenny reagiert leicht gereizt, bisher

haben die Haken doch immer gereicht? Ich freue mich, daß ein Vorschlag kommt, und unterstütze die Patientin.
Andere Themen – wer räumt die Zigarettenkippen unter den Fenstern weg, wohin soll der nächste Stationsausflug gehen, was sind die pädagogischen Aktivitäten am Wochenende, wer möchte an der Malgruppe teilnehmen?
Aber nun die Situation mit Frau Taller.
Frau Taller sagt völlig unvermittelt zur mir: »Frau Doktor, wir sammeln mal, und dann kaufen wir Ihnen einen neuen Mantel. Wie das jetzt aussieht, auf dem Fahrrad.«
Ich bin verletzt, weiß auch nicht genau, warum gerade an diesem Punkt. Laut antworte ich: »Das gehört jetzt nicht hierher.«
Ich kann nicht locker darauf reagieren und gerate innerlich etwas aus der Fassung.
Nach dem Ende der Stationsversammlung spreche ich auf dem Flur Frau Taller an und sage ihr, daß die Bemerkung mich getroffen habe.
Sie entgegnet: »Ich habe es doch als Spaß gemeint.«
Ich kann plötzlich die Schwestern besser verstehen, die bei Frau Taller die Schärfe fürchten, mit der sie Schwächen erkennen und unerwartet verletzend werden kann.
Auf dem Flur sagt Schwester Marianne, die unser Gespräch beobachtet hat:
»Ich habe Frau Taller auch schon gesagt, daß das Ihnen gegenüber nicht gut war.«

Wenn ich jetzt darüber schreibe, bin ich immer noch erstaunt über meine Gefühle. Kritik an meiner Kleidung, vielleicht auch an meinem Lebensstil, z. B. dem Fahrrad. Meistens haben die Patientinnen viel Respekt vor meiner Autorität als Person und als Ärztin, und viele Angriffe verletzen mich auch nicht. Aber Situationen wie diese kommen vor, vor allem, wenn ich nicht völlig distanziert bin und z. B. die Schärfe nicht auf Frau Tallers Manie zurück-

führe, sondern wenn ich bestimmte »Kanäle« offenhalte. Durch diese Kanäle fließt Zuneigung, aber auch Verletzendes und Ablehnung.
Als Ärztin bin ich meistens besser geschützt als die Schwestern. Ich habe weniger direkten Kontakt und mehr Abstand durch die Berufsrolle. Die Schwestern leiden anfangs auf dieser Station sowohl unter dem Mitgefühl für die Patientinnen als auch unter Angriffen und Ablehnung. Sie ziehen sich dann innerlich zurück, verschließen sich. Das wirkt auf den ersten Blick oft hart, schnodderig, aus therapeutischer Sicht unmöglich. Viele bewahren aber hinter den coolen Sprüchen Sympathie und Solidarität. Das fällt leichter, wenn im Team eine gute Atmosphäre herrscht, wenn Verletzungen angesprochen werden können, ohne daß es als Schwäche ausgelegt wird. Gegenseitige Unterstützung ist notwendig.

17
Sie sorgt für das Essen,
er für den Schutz

Oktober 86

Ich bin mit meiner Facharztausbildung fertig. Ein gutes Gefühl. Fachärztin für Neurologie und Psychiatrie. Auf meiner Urkunde steht natürlich Facharzt. Angeblich kann es nicht in Ärztin geändert werden, die Bundesärztekammer muß erst darüber entscheiden. Nun kann ich längerfristig überlegen, wie es weitergeht – Klinik, Praxis, Psychotherapie?
Aber erst mal freue ich mich ziemlich. Vielleicht renoviere ich auch die Wohnung und kaufe mir einen neuen Mantel.
Zwei Jahre arbeite ich jetzt hier, ganz schön lange, aus der Sicht der Patientinnen allerdings erst kurze Zeit.
Frau Anger lebt seit zehn Jahren ununterbrochen in der Klinik, überwiegend auf geschlossenen Stationen. Im letzten Jahr wechselte sie von der A 3 auf die B 9. Dort ist sie zur Ruhe gekommen, ist akzeptiert worden – auch mit ihren Flüchen – und konnte sich streiten mit Schwester Carla oder mir, ohne daß gleich Sanktionen erfolgten. Ihre wilde Phase mit Schlägereien, Wut, Diebstählen, Prostitution ist vorbei. Warum? Ich glaube nicht, daß sie plötzlich mit den richtigen Medikamenten behandelt wurde. Sie hat vielleicht im richtigen Moment die Unterstützung bekommen, die sie gebraucht hat. Zur Zeit hat sie Arbeit und einen Freund, beides ist wichtig für sie.
Frau Anger wurde 1942 geboren, ihr Vater starb im gleichen Jahr im Krieg. Die Mutter flüchtete mit der Tochter und zwei Geschwistern aus Westpreußen. In der Bundesrepublik heiratete sie erneut und bekam vier Kinder. Der zweite Mann war Alkoholiker, meistens arbeitslos, es war nie genug Geld da.

»Ich war schon als Kind immer frech, habe viel geschrien. Es gab Schläge mit dem Stock auf den nackten Hintern«, sagt sie zu ihrer Kindheit. Mit zwölf Jahren wurde sie von ihrem Stiefvater vergewaltigt. Die Mutter gab ihr die Schuld daran, stellte sich in den folgenden zahlreichen Streits auf die Seite des Mannes. Schläge waren weiterhin an der Tagesordnung. Mit 13 Jahren versuchte Frau Anger erstmals, sich die Pulsadern aufzuschneiden. Zwei Jahre später wurde sie psychiatrisch behandelt – die Nervenärztin diagnostizierte eine ausgeprägte depressive Symptomatik. Die Vergewaltigung wird nicht erwähnt, taucht auch später in den umfangreichen Akten nicht mehr auf.
Mit 17 Jahren bekam sie einen Sohn, der Freund heiratete jemand anders, was sie sehr kränkte. Zwei Jahre später wurde sie das erste Mal stationär eingewiesen, wegen eines »akuten Erregungszustandes«. In der Nacht vorher hatte sie mit mehreren Männern geschlafen, sich in einer Gaststätte ausgezogen und war dann schreiend durch die Straßen gelaufen. Sie hatte das Gefühl, daß die Toten auf dem Friedhof mit ihr sprächen.
Danach begann ein Kreislauf von Entlassungen und Wiederaufnahmen in die Klinik. Von zu Hause lief sie weg, sie haßte ihren Stiefvater, ernährte sich durch Prostitution und kleinere Diebstähle. Selbstmordversuche, manische Phasen, aggressive Auseinandersetzungen wechselten ab. Sie wurde entmündigt.

Der erste Eindruck von ihr: dick und nörgelig. Laute Klagen bei der Visite über Geldmangel, schlechtes Essen, ihren unmöglichen Freund. Vieles durchaus berechtigt. Dieser anklagend-genervte Ton, meine lapidaren Antworten:
»Ich kann es nicht ändern.«
Die Fähigkeit, mich als Ärztin nicht für alles verantwortlich zu fühlen, sie geduldig ausreden zu lassen.
Dann lautes Schimpfen.

»Ich gehe nicht mehr zur Arbeit. Andere können bis mittags im Bett bleiben, und ich muß jeden Morgen dahin. Herr Peters hat auch gesagt, ich soll das nicht mehr tun. Morgen gehe ich nicht.«
Ich zucke mit den Achseln.
»Dann verdienen Sie auch nichts.«
»Ach, ich will dies bißchen Geld auch nicht, das lohnt sich ja kaum. Diese blöde Werkstatt, alles Ausbeutung.«
»Ich weiß keine andere Möglichkeit.«
»Ach Sie, Sie wissen auch gar nichts, ich gehe jedenfalls nicht mehr.«
Ende der Debatte.
Am nächsten Morgen geht sie doch, schimpft auf die Schwester, die sie weckt, knurrt laute Flüche vor sich hin.
Sie arbeitet in einer Einrichtung außerhalb der Klinik. Als wir in der Werkstatt nachfragen, hören wir, daß Frau Anger eigentlich recht gern komme. Sie arbeite zuverlässig. Gelegentlich nähe sie auch für ihre Kolleginnen einen Knopf an, das könne sie so gut. Auf der Station ist das nicht so recht vorstellbar. »Schwester, das kann ich nicht.« In der Werkstatt gibt es Gruppen von ca. 15 Männern und Frauen. Manche BetreuerInnen sind sehr bemüht, haben ein liebevolles, stützendes Verhältnis zu ihrer Gruppe entwickelt. Wir sind immer wieder erstaunt, wie verändert sich einige Patientinnen dort verhalten, auch wenn sie auf der Station über die Arbeit stöhnen.

Der Sohn von Frau Anger, der bei der Großmutter aufgewachsen ist, ist gerade mit der Schule fertig. Von den 140 DM im Monat, die Frau Anger verdient, gibt sie ihm das meiste, was immer wieder den Zorn der Schwestern erregt. Sie selbst hat dann fast kein Geld, schnorrt von den Mitpatientinnen, klaut auch gelegentlich.
Der Sohn besucht die Mutter nur, um das Geld abzuholen.

»Wenn du mir nichts mehr gibst, komme ich nicht mehr.«
Aber sie liebt ihn, will auch den Kontakt zu ihm, so, wie es wohl den meisten Müttern ergehen würde. Ein paarmal versuchen wir, mit beiden zu sprechen, um eine Regelung für das Geld zu finden, bleiben aber letztlich erfolglos damit.

Frau Anger hat einen Freund, der »draußen« in einer Wohnung lebt. Sie besucht ihn an den Wochenenden, zunächst für einen Tag, später auch länger. Über ihn gibt es viel zu meckern.
»Nie hilft er mir, wenn ich koche. Immer muß ich alles für ihn machen. Schlafen tue ich aber nicht mit dem. Nie geht er mit mir in die Stadt.«
Endlos die Klage, aber er ist ihr einziger Halt außerhalb der Station. Ich bestärke sie, ihre Interessen durchzusetzen. Aber ich weiß auch, wie schwer das für sie ist. Er ist ihre Hoffnung auf Entlassung. Sie glaubt, daß sie es allein nicht schaffen wird.
Wir sprechen oft über ihr mögliches Leben draußen. Manchmal kommen mir Zweifel, ob die beiden zurechtkommen würden. Bei einem Hausbesuch sehe ich das ganze Elend, den Dreck, die Katzen, die über Tisch und Bett spazieren, oft trinkt er auch zuviel. Aber er schlägt sie nicht, er ist gut zu ihr. Und er ist zuverlässig.
Wenn es Entlassungen aus dem Langzeitbereich gibt, dann meistens zurück in die Familie, in ein Heim oder zu zweit in eine Wohnung. Eine Frau traut sich nach langen Jahren Psychiatrie kaum, ohne Betreuung allein draußen zu leben. Sie erhofft sich von einem Mann Schutz und Unterstützung. Ein Mann dagegen kann sich oft nicht versorgen, das heißt z. B. er kann nicht kochen, waschen und putzen. So entstehen manchmal, wie bei Frau Anger und ihrem Freund, Koalitionen, die recht tragfähig sind und eine Entlassung ermöglichen. Sie sorgt für das Essen, er sorgt für den Schutz.

Bei ihr könnte es sein, daß sie den Sprung nach draußen schafft. Aber wie regelt sie die Geldangelegenheiten, die Gänge zum Sozialamt, schafft sie es zu kochen? Dazu kommen noch die Ängste, die wir auch haben, wenn wir mit einem anderen Menschen zusammenziehen – mag sie ihn genug, fühlt sie sich eingeengt, wenn sie mit ihm wohnt? Und ihre besondere seelische Verletzlichkeit – wie reagiert sie auf ungewohnte Situationen, gibt es neue Krisen, Wutanfälle? Muß sie zurück ins Krankenhaus?
Sie hätte sicher Unterstützung nötig. Ich ärgere mich immer wieder, wie wenig Möglichkeiten es gibt, Entlassungen zu fördern. Gelegentlich kann eine Sozialarbeiterin aus der Klinik oder vom Sozialpsychiatrischen Dienst helfen, aber es ist wieder der vielzitierte Tropfen auf den heißen Stein.

18
Frau Ginsters Alltag

Oktober 86

Zwischen Frau Ginster und Frau Anger gibt es einige Gemeinsamkeiten, beide sind Mitte 40, seit 25 Jahren immer wieder in der Klinik, die letzten Jahre ohne Unterbrechung. Die 15., 20., 30., 35. Aufnahme, irgendwann stimmt meistens die Statistik nicht mehr, Entlassungen, Beurlaubungen und »Entweichungen« sind nicht zu unterscheiden. Beide Frauen sind innerhalb des Krankenhauses auf vielen verschiedenen Stationen gewesen – offene und geschlossene Aufnahmestation, Langzeitstation, Wohnstation, Rehabilitationsstation, Langzeitstation, Rehabilitationsstation...

Seit einigen Wochen ist Frau Ginster wieder auf der A 3. Sie hat auf der Wohnstation viel Streit gehabt, hat seit einigen Nächten alles mögliche aus dem Fenster geworfen und stundenlang geschrien. Daraufhin ist sie zu uns verlegt worden, gegen ihren Wunsch, mit viel Druck seitens der Wohnstation.
Frau Ginster sieht gut aus, eine etwas alt gewordene Schönheit mit langen blonden, etwas gewellten Haaren. Dabei ist sie groß, mindestens eins achtzig, fast schon wuchtig, mit breiten Schultern. Unter den anderen Patientinnen fällt sie auf, weil sie sehr viel Stolz ausstrahlt. Manchmal ist es bei ihr schwierig, Phantasie, Realität und Psychose zu unterscheiden. Sie spricht häufig darüber, daß sie eine berühmte Schriftstellerin sei und schon viele Romane veröffentlicht habe.
Gut, das ist ein Wunsch von ihr, eine Größenphantasie.

Dann erzählt sie, ihr Bruder sei ein recht bekannter Politiker. Dies wiederum entspricht zu meiner Überraschung der Realität. Ein paar Tage später sagt sie: »Mein Bruder hat angerufen und möchte mich am Dienstag besuchen.« »Hm«, denke ich, »ob er wohl kommt?« Aber er kommt nicht, es bleibt zweifelhaft, ob sie mit ihm gesprochen hat.

Häufig geht es um das Thema »Frau sein«. Schwester Marianne hat erzählt, wie Frau Ginster vor einigen Jahren eine Geburt nacherlebt hat, ohne schwanger zu sein. Sie hatte Wehen, Schmerzen, hat geschrien und hat ein Kind geboren. »Das kann ich nie vergessen«, sagt Marianne.

Zur Zeit kommt sie häufig zu mir: »Ich habe Ausfluß, ich bin geschlechtskrank. Ich will zur Frauenärztin.« Die Wahrscheinlichkeit, daß es sich um ein seelisches Problem handelt, nicht um ein körperliches, ist recht groß. Ich überlasse die Entscheidung ihr – wenn sie möchte, kann sie zur Frauenärztin gehen. Aber sie läßt sich dann doch nicht untersuchen. Manchmal sagt sie auch: »Ich habe Kopfschmerzen, das ist eine Hirnhautentzündung. Geben Sie mir Penicillin.«

Häufig spricht sie davon, daß sie vergewaltigt worden ist und vergewaltigt wird – von dem Stationsarzt der alten Station, aber auch von ihren Mitpatientinnen auf der Frauenstation. Ich bin mir sicher, daß sie viele reale Erfahrungen mit sexueller Gewalt gemacht hat, kann ihre Ängste und Befürchtungen auch verstehen, aber aufarbeiten kann ich sie nicht.

Ihr Tagesablauf ist eintönig. Morgens um sieben gibt es Frühstück, aber sie liegt meistens um neun noch im Bett. Manchmal macht sie einen Morgenspaziergang oder sitzt am Kiosk und trinkt Kaffee. Wenn sie wieder auf die Station kommt, läuft sie hin und her, blättert in einer Zeitung, schaltet den Fernseher ein oder liegt auf dem Sofa. Oder sie versucht, von Inge Wolle zu bekommen, damit sie einen Schal stricken kann.

Ab und zu spricht sie mit den Schwesten oder mit Inge. Mit Frau Taller hat sie manchmal Streit, gelegentlich sehen die beiden zusammen fern. Sonst hat sie kaum Kontakte.

Nach dem Mittagessen legt sie sich wieder aufs Sofa und geht um zwei Uhr nach dem Kaffee nach draußen. Sie erzählt öfter von einem Freund, aber gesehen habe ich ihn nie mit ihr. Ich glaube nicht, daß es ihn gibt. Je nach Wetterlage kommt sie um vier oder halb fünf wieder herein, um fünf gibt es Abendbrot. Die Zeit, in der sie auf das Abendbrot wartet, läuft genauso ab wie die Zeit, in der sie auf das Mittagessen wartet. Manchmal legt sie sich auch einfach schlafen mit einer Decke über dem Kopf. Essen, spazierengehen, Kaffee trinken, fernsehen, ein bißchen stricken, das ist ihr Leben.

Sie hat durchgesetzt, daß sie nicht arbeiten muß. Das zeigt eine ziemliche Unangepaßtheit und Starrköpfigkeit. Auf allen möglichen Stationen wurde versucht, sie dazu zu überreden, aber erfolglos. Vielleicht wäre es nicht schlecht für sie, aber sie ist konsequent geblieben.

Früher hat sie öfter geschrieben – als berühmte Schriftstellerin –, aber das ist nie ernst genommen oder gefördert worden. Wenn ich sie heute darauf anspreche, freut sie sich, aber sie schreibt nicht mehr.

Zur Beschäftigungstherapie hat sie keine Lust, auch die Therapeutinnen dort haben aufgegeben. Sie strickt grundsätzlich nur Schals, höchstens mal einen Läufer, also einen Schal, den man auf den Tisch legt. Alle darüber hinausgehenden therapeutischen Ansätze blockiert sie, fängt dann Streit an. »Ihr blöden Mädchen, was soll ich von euch schon lernen.«

In die Stadt geht sie nie, weder allein noch bei Gruppenaktivitäten. Einerseits hat sie kein Geld, andererseits hat sie das Interesse verloren. Früher ist sie immer wieder losgetrampt, nach Frankreich, Italien bis nach Spanien. Dort war sie häu-

fig in psychiatrischen Kliniken, manchmal bekam sie von der Botschaft Geld, um zurückzufahren.
Im letzten Jahr hat sie oft gesagt, daß sie in Urlaub fahren möchte. Die Wohnstation hat sie für eine Reise in den Schwarzwald angemeldet, aber sie hat eine Woche vorher einen Rückzieher gemacht. Eine Reise vom Sozialamt wolle sie nicht. Auch die Kleider, die sie vom Sozialamt bekommen könnte, lehnt sie ab, so daß der Antrag verfällt.
Andererseits ist Geld ein wichtiges Thema für sie. Sie sagt immer, das ganze Krankenhaus lebe von ihrem Geld, sie habe den Neubau finanziert. Das ist zwar übertrieben, aber nicht ganz unrealistisch. Sie ist eine Patientin, mit der kaum etwas gemacht wird, die therapeutisch kein Geld kostet, lediglich Unterbringung, Verpflegung und Betreuung auf der Station.
Etwas schematisch gedacht: Bei einem Pflegesatz von 140 DM am Tag verdient die Klinik 4200 DM im Monat, im Jahr 50 000 DM, in 10 Jahren eine halbe Million. Frau Ginster ist schon fast 20 Jahre da – wenn man Unterbringung, Essen und Pflege abzieht, bleibt immer noch einiges übrig. Für den Neubau reicht es bei Frau Ginster allerdings nicht ganz, da muß sie noch etwas älter werden.
Es sind die LangzeitpatientInnen, die eine der finanziellen Grundlagen der Klinik bilden. Sie kosten nicht viel, aber bringen viel ein.
Inge und ich haben uns überlegt, wie es wäre, wenn wir das Geld selbst verwalten könnten. Bei 30 Patientinnen hätten wir 30 mal 4200 DM = 120 000 DM im Monat zur Verfügung, die eigentlich für die Station da sein sollten. Wir müßten unsere Gehälter, Lebensmittel, Wäsche, Miete, Strom und Heizung, Geld für Kaffee und Zigaretten, Taschengeld, Möbel, Geld für Geburtstage und alles Unverhoffte wie zerschlagene Fensterscheiben abziehen, aber ich bin mir sicher, daß wir mit dem Geld bessere Lebensbedin-

gungen schaffen könnten. Die Patientinnen könnten selbst entscheiden, ob sie einen neuen Fernseher oder einen Wäscheschrank wollten, wie der Speiseplan gestaltet werden sollte, ob sie überhaupt eine Ärztin, eine Pädagogin und Krankenschwester brauchten.

19
Gelegentlich tobt Frau Ginster

November 86

Frau Ginster wirft sich manchmal auf den Boden und schreit, meistens vorn im Flur, mitten im Geschehen. Sie tritt mit ihrer ganzen Kraft gegen die Tür oder gegen eine Kommode. Früher sind häufig Fensterscheiben zu Bruch gegangen. Menschen hat sie nie verletzt. Aber bei ihrer Größe und Kraft löst sie doch Respekt aus.
Ich bin anfangs öfter zu ihr gegangen und habe versucht, Kontakt aufzunehmen. Ich wollte sie durch ihre Wut hindurch erreichen, ohne einen Ringkampf zu veranstalten. Ich dachte, es tue ihr gut zu spüren, daß ich für sie da war. Aber meistens war sie so eingenommen von ihren Gefühlen, daß sie auf eine ruhige Art nicht zu erreichen war.
Die Schwestern beachten sie einfach nicht. Sie lassen sie in Ruhe, bis sie sich ausgetobt hat. Das ist gut möglich, weil sie Frau Ginster schon von früher kennen und wissen, daß sie weder sich selbst noch andere ernsthaft gefährdet. Manchmal schicken sie sie vor die Tür, wenn sie »austickt«. Draußen beruhigt sie sich meist schnell. Aber es ist eine der Absurditäten des Psychiatriesystems. Die Patientin ist auf einer geschlossenen Station, damit sie in gefährlichen Situationen mehr unter Kontrolle ist, aber wenn sie außer Kontrolle gerät, wird sie weggeschickt. Doch oft verhält sie sich draußen wirklich »normaler« und ruhiger.
Ich erinnere mich an einen Abend, an dem Frau Ginster wieder sehr »geladen« war. Schwester Susanne schickte sie nach draußen. Doch diesmal machte Frau Ginster sich auf den Weg zur Polizei und kam nicht wie sonst auf die Station zurück. Ich traf sie auf meinem Weg nach Haus. Ich fuhr ein

Stück mit meinem Fahrrad neben ihr und versuchte, mit ihr zu sprechen. Sie wolle sich bei der Polizei über die Station beschweren, sie werde jeden Abend vergewaltigt, es stinke so, und die Schwestern seien Nutten. Der Versuch, sie zu überreden, zurückzugehen, hatte keine Chance. Wenn sie sich etwas in den Kopf gesetzt hatte, war es kaum möglich, das zu ändern. Die Beamten schickten sie zurück, weiter passierte nichts.
Andere Möglichkeiten von uns, auf ihre Wut zu reagieren, sind: sie am Bett festbinden, d. h. fixieren; im Isolierzimmer auf einer anderen Station unterbringen; ihr eine Spritze geben. Das sind alles Alternativen, die bei ihr nicht notwendig sind. Wenn eine Patientin fixiert wird, spürt sie eine körperliche Grenze, aber sie fühlt sich auch ohnmächtig, genau wie im Isolierzimmer. Mit einer Spritze, d. h. mit Neuroleptika, wird für sie das Gefühl von Wut gedämpft, bis sie es kaum noch spürt. Aber ist das »Nichtbeachten« richtig?
Ich stelle mir vor, sie mit mehreren Menschen festzuhalten und ihr zu vermitteln: »Du darfst jetzt wütend sein, du darfst auch toben, aber wir müssen aufpassen, daß du dich und andere nicht verletzt. Wir bieten dir einen Halt, lassen dich nicht allein mit deiner Wut. Wir wollen dich nicht überwältigen und klein machen.«
Das ist nicht leicht zu realisieren, es macht Angst. Außerdem ist die Zeit dazu nicht da, der ganze Stationsbetrieb müßte stillstehen.
Schwieriger werden die Entscheidungen, wenn die Wut wirklich destruktiv wird, wenn sich eine Frau immer wieder den Kopf an der Wand blutig schlägt oder wenn sie Mitpatientinnen oder Schwestern angreift. Wenn ich eine Frau gut kenne, kann ich mehr Risiko eingehen, als wenn ich sie gerade kennenlerne und schwer einschätzen kann.
Wie hat sich diese heftige Wut bei Frau Ginster entwickelt?

Ihre Kindheit ist äußerlich nicht wie bei Susanne oder bei Frau Anger besonders auffällig verlaufen. Manches, was sie gekränkt hat, werde ich nicht mehr erfahren. Sie spricht nur wenig über diese Zeit, ihre Eltern sind tot. Frau Ginster ist in einer wohlhabenden Familie aufgewachsen. Der Vater war ein harter Mann, früher bei der SS. Die Mutter hatte immer sehr hohe Ansprüche, sie war der Ansicht, daß ihre jüngste Tochter überaus intelligent und künstlerisch begabt sei. Doch während die anderen Geschwister die elterlichen Erwartungen im großen und ganzen erfüllten, heirateten und erfolgreich Karriere machten, wurde Frau Ginster zu Beginn ihres Studiums psychotisch und konnte sich ihren Traum, Schriftstellerin zu werden, nur in ihrer Phantasie erfüllen.

Zu ihrer Kindheit sagt sie: »Alles, was ich tat, war nach dem Willen der Eltern.« Sie habe die Rolle der begabten Schülerin gespielt, habe sich aber nie als »richtige« Frau gefühlt. Sicher, die Eltern haben sie zum Teil verwöhnt, zum Teil überfordert und sich wenig in ihre kindlichen Bedürfnisse eingefühlt. Trotzdem bleibt die Frage, warum gerade sie psychotisch wurde, für mich ungelöst.

Unabhängig von der Biographie sind die Anlässe, wütend zu werden, bei ihr ähnlich wie bei anderen. Wir ärgern uns über die Arbeitskollegin, den Schwiegervater oder die Tochter aus vielen Gründen, z. B. wenn sie uns gekränkt haben oder unsere Wünsche nicht erfüllen. Oft sind es nur Kleinigkeiten. Auch Frau Ginster ärgert sich täglich sowohl über ihren Alltag als auch über die Hoffnungslosigkeit ihres Lebens. Hinter den oberflächlichen Anlässen liegt ein enormes Potential an tiefer Wut. Sie hat nicht soviel Möglichkeiten wie wir, den Ärger zu kanalisieren – in kleine Sticheleien, schlechte Laune, Zynismus, Distanzierung und ähnliches. Sie ist ihrer Wut mehr ausgeliefert, leidet auch darunter und fühlt sich oft schlecht und schuldig deswegen.

Ihr ungezügelter Ärger erinnert an Trotz- und Wutausbrüche von Kindern, nur daß Frau Ginster über erheblich mehr Kraft verfügt.

Aber auch Eltern stellen sich ähnliche Fragen – lasse ich mein Kind toben, bis es von selbst aufhört, versuche ich, es zu beruhigen, halte ich es fest, schreie ich es an, gebe ich ihm eine Ohrfeige? Auch hier gibt es die ganze Palette an Verhaltensweisen – von übergroßer Toleranz bis zu seelischer und körperlicher Mißhandlung.

In der Psychiatrie gibt es einerseits die Gewalt und die Brutalität der Institution. Aber es gibt eben auch Aggressionen, Gewalt und Brutalität bei den PatientInnen, sei es im Alkoholrausch, sei es in der Psychose. Oft ist das nicht gefährlich, gelegentlich schon. Es ist wichtig zu spüren, wieviel Angst dadurch ausgelöst wird. Wenn die Angst sehr groß ist, werden auch die »Gegenmaßnahmen« heftig sein – Isolierzimmer, Spritze, Fixierung. Das Maß der realen Bedrohung einzuschätzen und als Ärztin die Verantwortung zu übernehmen ist nicht einfach. Bei Schizophrenen ist die Kriminalitätsrate nicht höher als in der sonstigen Bevölkerung. Aber Entscheidungen darüber, wie sehr jemand sich oder andere gefährdet, bereiten mir oft Kopfzerbrechen. »Schizophrene sind gefährlich«, »Schizophrene sind kranke Menschen, die Liebe brauchen und mir leid tun«: Beide Aussagen greifen zu kurz und stellen nur einen Teil der Wirklichkeit dar.

20
Wird die B 9 aufgelöst?

Januar 87

Ich bin furchtbar wütend, die B 9 soll aufgelöst werden. Vor zwei Tagen wurde mir mitgeteilt, daß Umstrukturierungen geplant seien und es leider unumgänglich sei… Die Patientinnen, es sind ja nur so wenige, sollen auf andere Stationen verteilt werden. Es ist eben nicht wichtig, ob sich bei den chronisch Kranken ein gutes Klima entwickelt oder es einzelnen Patientinnen besser geht. Ich habe wirklich keine Lust mehr, ich kündige bald.
Dabei hat sich in den letzten zwei Jahren bei den meisten der zwölf Frauen auf der B 9 wirklich einiges verändert.

Susanne schreit kaum noch, und ihre quälenden Halluzinationen von Spinnen und Käfern haben nachgelassen.
Zusammen mit der Pädagogin, den Schwestern und den Mitpatientinnen haben wir sie in endlosen Gesprächen überzeugt, einen anderen Arbeitsplatz in einer Werkstatt in der Stadt zunächst einmal auszuprobieren. »Ich kann nicht«, »Ich schaffe das nicht«, waren Ausdruck ihrer heftigen Angst vor Veränderungen. Ausschlaggebend für ihren Entschluß, es doch zu versuchen, war, glaube ich, der Kontakt zu den Mitpatientinnen, durch den sie gemerkt hat, daß es ihnen dort gut gefällt. Jetzt nach der Probezeit möchte sie bleiben und fühlt sich dort akzeptiert. Früher saß sie den ganzen Tag in einer Ecke, rauchte ohne Unterbrechung und bettelte, wenn das Geld ausging. Die neue Arbeit spielt sicher eine wichtige Rolle dabei, daß es ihr besser geht.
In der Kochgruppe bleibt Susanne in einer kindlichen Posi-

tion, übernimmt einfache Aufgaben, gehört aber ›richtig‹ dazu und kommt jetzt regelmäßig.

Frau Zingel ist seit einem Jahr auf der B 9. Sie war mit einem italienischen Mann verheiratet, lebte in Rom mit ihm, hatte fünf Kinder. Der Ehemann betrog sie und schlug sie. Sie wurde psychotisch und in die italienische Psychiatrie eingeliefert. Ihr Vater veranlaßte, daß sie von Italien nach Deutschland verlegt wurde. Aber auch er schlägt sie, wenn sie sich streiten.

Während der letzten 15 Jahre hat sie immer wieder versucht, nach Italien zurückzukehren. Unzählige Male ist sie »entwichen«. Sie fühlt sich als berühmte Filmschauspielerin, der in Rom selbstverständlich alle Wege offenstehen, andererseits will sie zurück zu ihrer Familie, ohne zu realisieren, daß die Ehe längst aufgelöst ist. Nach einigen Stunden oder Tagen wird sie dann in der Bahn, auf der Autobahn oder am Flugplatz gefunden und zurückgebracht.

Auf der A 3 gab es viele Versuche, sie dazu zu bewegen, sich nicht mehr auf die Reise zu machen. Es wurden Gespräche geführt, es gab Ermahnungen, ärgerliche Reaktionen, Ausgangssperren, manchmal bis zu einem halben Jahr. Trotzdem blieb sie unermüdlich dabei, bei der nächsten Gelegenheit loszutrampen.

Wir haben, allen spöttischen Voraussagen zum Trotz, einen Versuch auf der B 9 gemacht. Hier wird sehr deutlich, daß ihre Sehnsüchte nach Italien und ihre Reisepläne stark von der Stimmung auf der Station abhängen. Wenn es Konflikte gibt oder unangenehme Situationen auftreten, verläßt sie die Station. Jetzt geht sie meistens nur noch zum Bahnhof und kommt von allein zurück.

Auf der anderen Seite haben wir versucht, ihre Wünsche ernst zu nehmen. Wir haben Kontakt zu ihren Kindern geknüpft, die zu unserer Überraschung bereit waren, ihre Mutter für einen Besuch bei sich aufzunehmen. Nach längeren Verhandlungen mit dem Sozialamt, das die Kosten

übernahm, fuhr eine Krankenschwester mit Frau Zingel nach Rom, und ihr Traum erfüllte sich für ein paar Tage.
Es ändert sich zwar zur Zeit nichts an ihrer Vorstellung, eine Filmschauspielerin zu sein und sich entsprechend zu verhalten. Aber sie ist nicht mehr so ruhelos. Vor einiger Zeit hat sie in der Klinik eine Beziehung mit einem Mann angefangen. Sie findet ihren Freund klein und zu häßlich, beschwert sich laufend über ihn, trifft ihn aber trotzdem regelmäßig. Na ja, es ist ja auch bei anderen durchaus üblich, ständig über den Partner zu meckern. Sie plant jetzt, mit diesem Mann zusammenzuleben, möglichst außerhalb der Klinik. Vielleicht wird ja wirklich eine Entlassung möglich. Italien ist in den Hintergrund getreten.

Auch Frau Ingvers geht es besser, sie »spinnt« weiterhin, aber es kommt seltener zu Krisen. Sie hat eine engere Beziehung mit Herrn Behrens angefangen, mit dem sie regelmäßig in die Stadt geht. Ihre Mutter findet das nicht so gut, aber ich glaube, ihr selbst gefällt es.

Frau Clabes sucht eine Wohnung für sich allein. Sie fährt noch gelegentlich zu ihren Kindern und ihrem ehemaligen Mann, aber hat akzeptiert, daß es keine gemeinsame Zukunft mit ihnen gibt.

Frau Anger und ihr Freund suchen ebenfalls eine Wohnung. Sein Zimmer ist zu klein für beide, aber sie verbringt die meiste Zeit bei ihm und ist nur noch tageweise in der Klinik.

Es gibt jetzt eine ganze Reihe Frauen auf der B 9, die einen Freund haben. Wir versuchen, die Männer mit einzubeziehen. Wir laden sie ein, führen Gespräche, auch über gemeinsame Zukunftsperspektiven. Wollen beide zusammenziehen oder nicht? Wenn beide in der Klinik sind, wollen sie

auf einer gemischten Station miteinander leben, eventuell in einem gemeinsamen Zimmer?
Sexualität ist ein schwieriges Thema. In der Vergangenheit, zum Teil auch jetzt noch, fand sie unter unwürdigen Umständen statt, im Keller oder hinter den Büschen im Garten.
Eine gemeinsame Rückzugsmöglichkeit ist zunächst einmal die Grundlage für Zärtlichkeit und Intimität.
Aber dieser Bereich bleibt trotzdem problematisch. Frau Zingel sagt oft: »Norbert will mit mir schlafen, aber ich will nicht.« Sie schläft trotzdem mit ihm, ist hin- und hergerissen zwischen dem Wunsch, es ihm recht zu machen und sich abzugrenzen. Frau Anger sagt konsequent »nein« zu ihrem Freund und bleibt dabei. Für beide stehen Geborgenheit und Sicherheit im Vordergrund ihrer Beziehung, außerdem vergrößern sich mit einem Mann ihre Möglichkeiten außerhalb der Klinik.
Das ist ähnlich wie bei vielen anderen Frauen. Nachts allein aus einem Restaurant nach Hause zu gehen oder in einem unbekannten Ort ein Zimmer zu suchen fällt vielen nicht leicht, oft bietet erst die Begleitung durch einen Mann Schutz. Dafür werden dann emotionale, vielleicht auch sexuelle Kompromisse in Kauf genommen.
Aber zurück zur B 9. Neben den Veränderungen bei einzelnen Frauen ist für mich vor allem die schon öfter beschriebene Veränderung des Klimas wichtig. Es ist ganz deutlich, daß in einer Atmosphäre, die die Individualität mehr respektiert und die größtmögliche Autonomie zum Ziel hat, die lebendigen und kreativen Seiten der Patientinnen langsam wachsen und auch die Bindungsfähigkeit zu anderen Menschen gefördert wird.
Auch Beate und Carla sind enttäuscht, daß die Arbeit, die sie in die neue Station gesteckt haben, nicht weitergehen soll. Aber wir haben beschlossen, etwas dagegen zu unternehmen. Zunächst heißt das, mit den entscheidenden Leu-

ten noch einmal zu sprechen – Chefarzt, Pflegedienstleiter, Verwaltungsleiter.

Dann wollen wir das, was wir bisher auf der Station erreicht haben, für alle sichtbar machen und mit den Patientinnen ein paar kurze Szenen einüben und aufführen. Beate spielt selbst Theater und ist in der Lage, ihre Begeisterung den Patientinnen zu vermitteln. Ich bin gespannt, ob es klappt.

21
Böse Folgen
von verschlucktem Weißbrot

Februar 87

Die letzten Gespräche, die ich wegen der B 9 geführt habe, sind gut verlaufen. Der Chefarzt steht dem Konzept der Station positiv gegenüber, auch der Verwaltungsleiter ist uns wohlgesonnen. Am schwierigsten sind die Verhandlungen mit der Pflegedienstleitung. Es bestehen Zweifel, ob eine kleine Station, die pro Schicht eine Schwester beansprucht, aufrechterhalten werden kann. Zum Teil verstehe ich die Argumentation; die Pflegekräfte auf den anderen Stationen sind wirklich knapp, vor allem in der Geriatrie, der Abteilung für die alten Menschen, kann kaum die notwendigste medizinische Versorgung geleistet werden. Aber dadurch darf nicht die psychosoziale Betreuung in die Nähe von »Luxus« geraten.
Mal sehen. Ich hoffe, daß die Tatsache, daß wir die Auflösung nicht einfach hinnehmen, Wirkung zeigen wird.

Vor ein paar Tagen ist Frau Verburg auf der A 3 fast erstickt. Morgens um halb acht, vor meinem Dienstbeginn, hatte sie sich beim Frühstück verschluckt. Sie bewegte sich schon nicht mehr, war blau angelaufen, die Schwestern konnten keinen Puls mehr fühlen. Der Arzt, den sie dazugerufen hatten, stand dabei und sah zu, wie sie immer wieder klopften und drückten, um das verschluckte Stück herauszubringen. »Aber was sollte er auch anderes tun?« meinte Schwester Marianne. Keine der Schwestern hatte noch viel Hoffnung, daß die Patientin überleben würde. »Aber wie gut, daß wir nicht aufgegeben haben.« Schließlich röchelte Frau Verburg, Schwester Marianne hatte das Gefühl, es sei

das letzte Röcheln gewesen. Aber dann erbrach die Patientin und atmete wieder.
Der Notarzt kam, als alles vorbei war.
Schwester Jenny sagte: »Ich verspüre ein richtiges Glücksgefühl, daß sie noch lebt.«
Als Frau Verburg wieder sprechen konnte, meinte sie ziemlich ungerührt: »Bekomme ich jetzt mein Frühstück?«
Schwester Marianne betonte immer wieder, wie ruhig sich alle Patientinnen verhalten hätten. Niemand habe geschrien oder sei in Panik geraten. Alle seien ruhig und vernünftig gewesen. Jenny fand es furchtbar, daß die Frauen alles mitansehen mußten, aber Marianne meinte: »Es war doch gut, daß Frau Verburg überlebt hat.«
Einig sind sich alle Schwestern, daß sie Frau Verburg nur noch Breikost geben. Ich widerspreche nicht.

Gefährdung durch Ersticken, durch hastiges Verschlingen von Nahrungsmitteln. Die Patientinnen stopfen das Essen zu gierig in sich hinein.
Woher kommt eigentlich die Gier? Vielleicht hat sie damit zu tun, daß den Patientinnen die Kontrolle über die Lebensmittel entzogen ist. Ich kenne es auch, daß ich beispielsweise in einem Hotel mehr Hunger habe als zu Hause, wo ich jederzeit an den Kühlschrank kann.
Als ich Kind war, hatte meine Mutter die Kontrolle darüber. Sie hat eingekauft, gekocht, wußte, was im Kühlschrank war, hat bestimmt, daß die letzte Tomate nicht gegessen wurde, sondern für das Gulasch aufbewahrt wurde, daß es Bohnen statt Möhren gab und daß das letzte Brötchen für Vater aufbewahrt wurde. Das Essen war ihr Bereich, ihre Macht- und Einflußmöglichkeit. Auf der Station sind es die Schwestern, die über das Essen bestimmen, wenn auch z. T. nach meinen Anordnungen. Sie teilen das Brot aus, machen auch Diätvorschläge, wenn ihnen auffällt, daß eine Frau zugenommen hat.

Ich versuche, möglichst wenig Kontrolle auszuüben. Sicher, die meisten Frauen sind zu dick. Aber wenn sie draußen leben würden, käme auch niemand auf die Idee, sie zum Abnehmen zu zwingen. Als Hausärztin könnte ich nur gute Tips erteilen, wüßte aber, daß sie oft nicht beachtet werden. Außerdem sind die meisten Diätversuche sowieso zum Scheitern verurteilt, weil die Mitpatientinnen von ihrem Essen abgeben oder vom Taschengeld Süßes gekauft wird.
Es gibt allerdings auch medizinische Notwendigkeiten, z. B. bei Patientinnen mit einer Zuckerkrankheit. Manchmal ist den Frauen nicht klarzumachen, daß zu viel Süßes lebensgefährliche Situationen hervorrufen kann. Auch da ist es oft schwierig, die richtige Entscheidung zu treffen – möglichst viel Selbstbestimmung für die Patientin, aber auch Schutz vor gefährlichen Situationen, die sie nicht überblicken.

Sonst bin ich sehr damit beschäftigt, mir über meine berufliche Zukunft Gedanken zu machen. Seit dem Ärger mit der B 9 habe ich wenig Lust, hier weiterzuarbeiten. Keine Lust auf Rückschläge. Ausgelaugtsein.
Etwas Neues, in einem anderen Rahmen – Psychotherapie, Lesen, Denken, Schreiben. »Daß ich nur schreibend über die Dinge komme«, sagt Christa Wolf. Ich brauche Abstand und Zeit zur Reflektion.

22
...daß Frau Verburg trotzdem lacht

Februar 87

Die Frage, ob ich kündige oder nicht, beschäftigt mich ziemlich stark. Aber ich will auf keinen Fall gehen, ehe die Existenz der B 9 nicht gesichert ist. Zur Zeit geht es darum, ob mit einem Umzug die Auflösung verhindert werden kann.
Ein Haus auf dem Klinikgelände wäre gut geeignet als neue Unterkunft für die Station. Wir verhandeln darüber, ob sich eine Renovierung des Hauses lohnt und ob sie bezahlt wird. Na ja, ich hoffe es.
Langfristig habe ich immer noch die Vorstellung, daß ein Teil der Frauen einmal außerhalb der Klinik leben kann, z. B. in gut betreuten Wohnungen allein oder mit anderen zusammen. In bezug auf Finanzierungsmöglichkeiten sieht es schlecht aus. Ich habe für einige Frauen versucht, über das Sozialamt Betreuungsmöglichkeiten durchzusetzen, aber dort besteht keine Bereitschaft dazu, Gelder zur Verfügung zu stellen. Die gesetzlichen Grundlagen sind noch nicht geregelt. Im Einzelfall beiße ich mir hier die Zähne aus. Dazu kommt noch der angespannte Wohnungsmarkt. Aber vielleicht gibt es die Möglichkeit, mit einem Verein außerhalb der Klinik Wohnmöglichkeiten zu schaffen und damit Entlassungen zu ermöglichen.

Frau Verburg gehört nicht zu den Frauen, bei denen ich eine Entlassung für möglich halte, wohl aber eine Verbesserung ihrer Lebensbedingungen.
Sie ist nach ihrem Unfall in ihrer Auffassungsgabe, ihrer Orientierung, ihrem Gedächtnis, insgesamt in ihrer geisti-

gen Leistungsfähigkeit stark eingeschränkt. Geistig behindert, debil, imbezill, schwachsinnig sind Begriffe, die dafür verwandt werden und die sich alle furchtbar anhören. Neben den schizophrenen und manisch-depressiven Patientinnen gibt es eine Reihe von Frauen, die mit einer solchen Diagnose auf der A 3 und der B 9 leben.

Einige sind von Geburt an behindert, andere durch Unfälle, von den Älteren einige beispielsweise aufgrund von Durchblutungsstörungen im Gehirn.

In die Psychiatrie kommen diese Frauen, wenn sehr starke Verhaltensauffälligkeiten bestehen, vor allem wenn sie aggressiv sind, wie z. B. früher Frau Verburg und auch jetzt noch Maria Golte. Überwiegend sind diese Patientinnen jedoch liebebedürftig und anhänglich.

Eine speziell pädagogische Förderung ist wichtig, um die verbliebenen Fähigkeiten zu stärken; dabei ist nicht nur der Intelligenzquotient wichtig, sondern auch die emotionale Stabilität.

Jahrelang lebte Frau Verburg fast nur im Isolierzimmer, weil sie um sich geschlagen hat, immer wieder andere Patientinnen angegriffen, gewürgt hat, manchmal auch Schwestern. Häufig spielte sie mit ihrem Kot, schmierte sich völlig ein. Sie schrie, kroch auf dem Boden entlang, war desorientiert.

Ihr Mann ließ sich scheiden, alle sieben Kinder haben den Kontakt zu ihr abgebrochen. Sie konnten ihre Mutter in so einem Zustand nicht ertragen. Besuch bekommt Frau Verburg nur gelegentlich von ihrer eigenen alten Mutter.

In den letzten Jahren geht es ihr besser. Fast zwei Jahre ist sie zur Beschäftigungstherapie gegangen. Die Therapeutin dort hat sich sehr intensiv mit ihr befaßt. Frau Verburg hat einfache Säume genäht, gemalt und getöpfert. Jeden Tag wurde sie hingebracht und wieder abgeholt. Die Therapeutin hat viel mit ihr gesprochen und sie gelobt für das, was sie geleistet hat. Aber jetzt braucht sie die Zeit für andere PatientInnen.

Frau Verburg genießt es, schön angezogen zu sein. Oft legt sie sich allerdings mit den frischen Kleidern wieder ins Bett. Die Schwestern müssen sie häufig auffordern, aufzustehen. Besonders, wenn es ihr schlecht geht, legt sie sich nach kurzer Zeit wieder hin. Es hängt von der Geduld und der Arbeitsbelastung des Pflegepersonals ab, wie lange jemand sich mit ihr beschäftigt, mit ihr spazierengeht oder mit ihr spielt. Früher arbeiteten zwei Schwestern auf der Station, die mit 60 Patientinnen belegt war. Daß unter solchen Umständen keine individuelle Betreuung möglich ist, ist klar. Heute haben die Schwestern dazu mehr Zeit und Möglichkeiten. Dies spielt sicher eine wichtige Rolle dabei, daß es Frau Verburg besser geht.

Langsam hat die Aggressivität nachgelassen. In angespannten Situationen schreit und weint sie weiterhin, kriecht auch öfter auf dem Boden. Aber sie zeigt auch immer wieder, daß sie Humor hat, dann lacht sie aus vollem Herzen. Frau Verburg kann sich zwar wenig merken, aber sie spürt sehr wohl, wer ihr wohlgesonnen ist und wer sich um sie kümmert.

Seit die Beschäftigungstherapeutin keine Zeit mehr für sie hat, geht Frau Verburg zur Arbeit. Hier lernt sie, Schraubenzieher zusammenzusetzen. Zu unserer Überraschung geht sie gern dorthin. Morgens steht sie manchmal schon im Mantel im Flur und möchte zur Arbeit gebracht werden. Vielleicht bedeutet es für sie auch, wichtig zu sein und gebraucht zu werden. Sie arbeitet halbtags und verdient 25 DM im Monat.

Ihre wichtigste Bezugsperson in den letzten zwei Jahren war Inge. Nicht nur durch die Kochgruppe, sondern auch durch die Spaziergänge, die Gespräche, die Besuche im Café und in der Stadt hat sich eine tragfähige Bindung aufgebaut. Jetzt ist vor drei Wochen Inges Stelle ausgelaufen.

Es gibt keine Möglichkeit, sie in eine feste Stelle zu verwandeln, weil diese Art von Arbeit innerhalb der Klinik und bei den Kostenträgern keine Lobby hat.
Frau Verburg hat ein Magengeschwür bekommen. Das ist ihre Art, auf die Trennung von Inge zu reagieren.

23
Viel Theater, Blutzuckerwerte und Suiziddrohungen

März 87

Letzten Freitag haben wir auf der B 9 Theater gespielt. Wir hatten viele Gäste – Ärztinnen, Schwestern, BetreuerInnen am Arbeitsplatz, Angestellte aus der Verwaltung. Uns war wichtig, möglichst vielen, die die Patientinnen kennen, zu zeigen, daß auch im Langzeitbereich Veränderungen möglich sind. Einige der Frauen haben sich geschminkt, verkleidet und mit Beate ein paar kurze Szenen aus ihrem Alltag gespielt. Nur ganz einfach, aber es ist gut gelungen. Susanne hat im Hintergrund laut und ausdauernd auf die Pauke gehauen. Beates, Carlas und meine Arbeit hat an diesem Nachmittag einen Ausdruck gefunden, aber vor allem war wichtig, daß die Patientinnen ihre Wünsche und Interessen gezeigt haben. Einige der Gäste waren recht überrascht und haben den Patientinnen und uns eine sehr positive Resonanz gegeben. Anschließend haben wir noch lange zusammengesessen und diskutiert.
Auf der A 3 dagegen liegt die Arbeit brach, die Inge gemacht hat. Die Kochgruppe und viele der Freizeitaktivitäten werden nicht mehr weitergeführt. Die Schwestern haben gesagt, sie wollen versuchen, einiges aufrechtzuerhalten, aber erwartungsgemäß klappt das nicht. Die medizinische und pflegerische Routine lassen zwar unregelmäßige Aktivitäten wie Spaziergänge und Ausflüge zu, aber eine kontinuierliche Gruppenarbeit ist nicht möglich.
Frau Verburg geht es körperlich und seelisch immer noch ziemlich schlecht. Frau Antes und Frau Unterdorf gehen seltener von der Station als früher, auch Frau Taller beschwert sich öfter, daß Inge nicht mehr kommt.

Zur Zeit habe ich viel zu tun. Ich habe die Vertretung auf einer geriatrischen Station übernommen. Frau Kienle hatte über das vergangene Wochenende erhöhte Blutzuckerwerte, schon in gefährlichen Bereichen.
Heute morgen habe ich sie untersucht und festgestellt, daß sie eine Lungenentzündung hat. Vielleicht ist deswegen der Zucker entgleist. Sie bekommt jetzt Penicillin; der Oberarzt hat einen Therapievorschlag für die Behandlung der Diabetes gemacht.
Ich kenne Frau Kienle nicht, bin beunruhigt, daß es ihr so schlecht geht. Sie spricht schon seit Jahren nicht mehr, sagen die Schwestern, reagiert kaum noch auf Außenreize. »Demenz« steht in der Akte.

Auf meiner Station gibt es ein Problem mit Karin Lebrecht. Eine große, schlaksige Frau, 44 Jahre, seit sieben Jahren mit kurzen Unterbrechungen im Krankenhaus. Seit dieser Zeit spricht sie davon, sich umzubringen; sie hat einige Selbstmordversuche hinter sich.
Letzte Woche habe ich sie zu einem Besuch bei ihrem Freund beurlaubt, für acht Tage, habe mich gefreut, daß das zum erstenmal seit langem möglich war. Aber nach vier Tagen kommt sie jetzt wieder, nach einem heftigen Streit mit ihm.
Sie bittet auf der Station um ein dringendes Gespräch mit mir. Sie wolle wieder gehen, aber nur, um sich endgültig umzubringen. Zur Zeit ist sie freiwillig in der Klinik. Nachdem sie vorher meistens zwangsweise aufgrund eines richterlichen Beschlusses da war, ist die freiwillige Basis ein Fortschritt.
Ich will von ihr ein Versprechen, daß sie sich bis zu unserem nächsten Treffen nicht umbringt, weiß aber, daß sie dieses Versprechen grundsätzlich nicht abgibt. Ich habe sie früher auch ohne diese Absicherung manchmal gehen lassen. Heute bin ich ziemlich angespannt; auf der anderen Station

muß Frau Kienle weiterversorgt werden, und ich habe das Gefühl, daß es Frau Lebrecht deutlich schlechter geht als sonst, daß sie wirklich gefährdet ist. Sie ist sehr enttäuscht, daß die Beurlaubung gescheitert ist. Ich stelle sie vor die Wahl – entweder sie gibt mir das gewünschte Versprechen, oder ich schreibe an den Richter, daß sie wieder einmal zwangseingewiesen wird.

Da sie erwartungsgemäß nichts verspricht, ziehe ich die Konsequenz einer erneuten Einweisung. Ich bin aufgeregt und traurig dabei, habe das Gefühl von Rückschritt, Scheitern. Ganz sicher bin ich mir nicht, ob die Entscheidung richtig ist oder ob ich mehr Risiko hätte eingehen sollen.

Dieser Widerspruch. Einerseits bin ich der Meinung, sie selbst habe die Verantwortung für ihr Leben, und ich versuche auch, ihr gegenüber dementsprechend zu handeln, also ihr viel Ausgang zu geben, sie auf freiwilliger Basis zu behandeln, ihr die Entscheidung zu überlassen, ob sie beurlaubt wird. Andererseits habe ich Angst um sie, mag sie gern und mache mir Sorgen, wenn es ihr schlecht geht. Außerdem habe ich Angst davor, zur Verantwortung gezogen zu werden, wenn sie einen erneuten Suizidversuch unternimmt. Manchmal möchte ich auch mich schützen und nicht soviel Unsicherheit aushalten.

Ich sehe sie vor mir, der Gesichtsausdruck ist kindlich, insbesondere ihre wütenden Gefühle finden keinen Ausdruck dort, werden immer wieder gegen sich selbst gerichtet.

Zu Hause denke ich noch oft an sie. Auch eine geschlossene Station bietet keine Gewähr, daß sich jemand nicht das Leben nimmt. Eine Möglichkeit, sich aufzuhängen, Tabletten zu nehmen oder sich die Pulsadern aufzuschneiden, findet sich auch dort.

Am nächsten Tag geht es Frau Lebrecht viel besser als erwartet; sie kennt ja diesen Kreislauf von freiwilligen Aufenthalten und Zwangseinweisungen inzwischen gut. Aber mir hat es ziemlich zu schaffen gemacht.
Die Blutzuckerwerte von Frau Kienle sind abends noch weiter gestiegen, die diensthabende Ärztin muß eine Infusion legen. Sie wollte die Patientin in die Innere Abteilung verlegen, aber der Oberarzt war nicht einverstanden. Er sagte, es sei menschlicher, sie bei uns zu behandeln und ihr nicht mehr den Aufenthalt in einem anderen Krankenhaus zuzumuten.

Der Zustand von Frau Kienle hat sich weiter verschlechtert, die Blutsalze sind am nächsten Morgen völlig durcheinander. Die Stationsschwester fühlt sich überfordert, ist unzufrieden. Eigentlich sollte die Stationsärztin heute wiederkommen, aber sie ist noch nicht da.
Eben, am späten Nachmittag, habe ich von zu Hause aus noch einmal angerufen und gefragt, wie es der Patientin geht. »Noch schlechter als morgens.« Wenn ich Frau Kienle schon länger kennen würde, fielen mir die Entschlüsse leichter. Aber ich bin gestreßt, mache mir Sorgen und fasse den Entschluß, sie doch noch zu verlegen. Ich spreche mit der Inneren Abteilung des Städtischen Krankenhauses, telefoniere hin und her, und es klappt schließlich. Danach geht es mir besser.
In bezug auf Frau Lebrecht ist wieder der Alltag eingekehrt. Sie will nicht mehr leben, aber es ist nicht so akut wie vor zwei Tagen. Ich spreche zur Zeit jeden Tag mit ihr. Hoffentlich geht es bald wieder bergauf.

In der letzten Zeit kommen Erlebnisse, in denen ich mich angespannt fühle, zu häufig vor. Ich gebe zwar nicht auf, auch wenn etwas schiefgeht, wie z. B. mit Frau Lebrecht, aber trotzdem.

Die Verhandlungen um die B 9 schleppen sich etwas dahin, entschieden ist noch nichts.
Jetzt habe ich drei Wochen Urlaub, ich freue mich schon auf Griechenland. Vielleicht wird damit klarer, wie es weitergeht. Wird es richtig sein zu kündigen?

24
Abschied ist auch nicht leicht

Oktober 87

Jetzt ist schon Oktober. Vor einem halben Jahr im April sind zwei Entscheidungen gefallen.
Die B 9 hat das Haus bekommen, für das wir uns eingesetzt haben. Das hat nicht nur mich, sondern auch Beate, die Schwestern und die Patientinnen gefreut. Kurz danach habe ich mich entschlossen zu kündigen. Meine Entscheidung, in einer feministischen Beratungsstelle zu arbeiten, fanden viele Kollegen etwas merkwürdig und exotisch. »Feministisch«, das ist innerhalb der institutionellen Psychiatrie eher ein Reizwort, als daß es auf Anerkennung stößt. Anders ist es in Holland, wo inzwischen Feministinnen in Gremien des Gesundheitswesens berufen werden und dort ihre Vorschläge einbringen können.
Jetzt bin ich schon seit zwei Monaten nicht mehr an der Klinik. In den letzten Wochen dort war soviel zu tun, daß ich kaum dazu gekommen bin, mich mit meinen Abschiedsgefühlen auseinanderzusetzen. Die Akten mußten abgeschlossen werden, d. h., für jede Patientin mußte etwas diktiert werden – über ihre Entwicklung, Medikation und vieles mehr. Mein Nachfolger mußte eingearbeitet werden. Es gab viele Kleinigkeiten, die ich noch erledigen wollte – die Liste mit den Vorsorgeuntersuchungen vervollständigen, den Schrank endlich gründlich aufräumen, Frau Törner zur Kontrolle zum Internisten schicken, mit den Verwandten von Frau Böttger sprechen, eine »Verlegung« in ein Heim organisieren…
Eben dachte ich an den letzten Tag, als ich meine Sachen eingepackt habe. Pharma-Werbung. Ein Teil kam in den Pa-

pierkorb, einen anderen Teil nahm ich mit nach Hause. Früher hatte ich mich kategorisch geweigert, irgend etwas von Pharma-Vertretern anzunehmen, später wurde ich dann zwiespältiger, war kurz angebunden, legte aber gelegentlich glänzende Broschüren in meinen Schreibtisch.
Der Abschied von meinem Zimmer fiel mir nicht schwer. Es war gelb gestrichen. Viel zu klein, vielleicht acht Quadratmeter, mit mehr als drei Menschen war kein vernünftiges Gespräch mehr möglich. Auch hier ein Gitter vor dem Fenster. Die Heizung war nicht zu regulieren, im Winter wurde es unerträglich heiß.
An der Wand waren große Regale mit Akten vollgepackt. Für die Patientinnen gab es zum Teil 40 bis 50 Zentimeter hohe Aktenstapel. Leben, eingeschlossen in Ordner. Vorne auf dem Deckel waren Fotos, die Patientinnen vor 20, 30 oder 40 Jahren. Die alten Eintragungen waren häufig handschriftlich, schwer zu entziffern.
»Zwangssterilisiert«. Vor einigen Jahren gab es für diese Patientinnen als Opfer des Nationalsozialismus eine Entschädigung von 5000 DM. Ich bin mir allerdings nicht sicher, ob ihnen das Geld wirklich zur Verfügung gestellt wurde oder ob der Kostenträger den Betrag einbehalten hat.
Einige Akten hatten eine andere Farbe, weil die Patientinnen ein paar Jahre in ein benachbartes Krankenhaus verlegt worden waren. Nach einer erneuten Umstrukturierung kamen sie wieder zurück.
Als ich das Zimmerchen übernahm, war es voller Unordnung, der Schreibtisch vollgestopft. Ich legte eine Überdecke auf die Untersuchungsliege, einen Teppich auf den Fußboden, hängte Bilder an die Wand und ein großes Poster, um den Raum etwas freundlicher zu gestalten. Das erste Poster war sehr kühl, mit weißen und grünen Äpfeln. Eine junge Patientin beanstandete dies gleich zu Anfang, halluzinierte auch dazu, so daß ich es austauschte gegen ein anderes, das weniger Angst erregte. Manchmal kaufte ich

Blumen in der Krankenhausgärtnerei, aber sie verblühten bei der schlechten Luft und in der Hitze schnell.
Ich packte an meinem letzten Tag alles, was mir gehörte, einschließlich einer Unmenge von Büchern, in meinen Wagen. Mein Nachfolger fragte mich, warum ich mir niemanden organisiert hätte, um mir zu helfen, aber es wäre mir komisch vorgekommen, eine Patientin oder eine Schwester darum zu bitten. Zuletzt packte ich meine Abschiedsblumensträuße und trank noch einen Kaffee im Schwesternzimmer. Als ich ging, mußte mir jemand die Tür öffnen, weil ich den Schlüssel schon abgegeben hatte.
Manchmal werde ich jetzt etwas traurig, wenn ich an die denke, die ich verlassen habe. Ich lebe wieder »draußen«, es gibt wenig Berührungspunkte mit den Patientinnen. Wahrscheinlich werde ich auch schneller vergessen als mir lieb ist.
Von den ÄrztInnen, die im Laufe der Jahre auf der Station waren, werden nur einige im Gedächtnis bleiben. Am meisten wird von den alten Krankenschwestern erzählt, »das war doch, als Schwester Erika noch auf der Station war...«
Wir haben oft versucht, Erinnerungen anzusprechen: »Wie war es, als wir letztes Jahr Weihnachten gesungen haben?« »Wo waren wir auf dem Stationsausflug?« »Wie hat das Frau Doktor Rehberg damals gemacht?« »Wie war es auf der alten Station 7?« »Mit wem waren Sie damals auf einer Station?« Diese Erinnerungsarbeit war sehr mühsam, die Geschichte des Lebens im Krankenhaus bietet zu wenig Orientierung, vieles wird vergessen, bleibt blaß, ein grauer Brei.
Die Schwestern erzählen manchmal von der Zeit, als die Patientinnen im Kreis auf dem Hof spazieren geführt wurden. Es gab nur Löffel, weil die Angst bestand, daß die Frauen sich mit Messern oder Gabeln verletzen könnten.
Die Atmosphäre sei viel freier geworden. Es wird immer

wieder betont, wie schlimm Frau Golte früher gewesen ist, als sie noch fast jeden Tag eine Fensterscheibe einschlug, oder wie Frau Verburg eine Mitpatientin gewürgt hat. Jetzt habe sich doch vieles verbessert. Geschichten darüber, wie lebhaft Frau Unterdorf einmal gewesen ist und wie zurückgezogen sie heute ist oder was Frau Ingvers im Laufe der letzten zehn Jahre alles verlernt hat, werden nur selten erzählt.

Manchmal rufe ich mir die Bilder und Ereignisse meiner Zeit in der Psychiatrie auch nur mühsam ins Gedächtnis. Ich spüre leisen Widerstand, komplizierte Zusammenhänge von damals zu erklären.

Mein Alltag hat nichts mehr mit der Klinik zu tun. Ich bin mit anderen Klientinnen, anderen Fragen und Problemen beschäftigt. Die Kolleginnen dort und auch meine Freundinnen bis auf Inge teilen meine Erinnerungen nicht. Es gibt kaum Berührungspunkte. Therapie »draußen« ist etwas anderes als Psychiatrie »drinnen«.

Ungeliebtes, Gefürchtetes wird ausgegrenzt. Wenn ich schon nach kurzer Zeit vergesse, was ist mit den anderen, die nie da waren, die vielleicht einmal einen kurzen Besuch gemacht haben, die ungeliebte Verwandte dort haben. Die »Verrückten« werden in die Psychiatrie gebracht und von den anderen vergessen. Nur manche Familien, die Kontakt halten oder deren Hilfe bei Entlassungen gebraucht wird, und natürlich die »Profihelfer« aus dem ambulanten Bereich sind damit konfrontiert.

Ab und zu steht in der Zeitung ein Artikel über unhaltbare Zustände in der Psychiatrie. Über ständige Verschlechterungen in der personellen Versorgung, über Selbstmorde und Brände.

Es gibt ein paar Bücher und Filme, »Einer flog übers Kukkucksnest«, »Ich habe Dir nie einen Rosengarten versprochen«, »März«; vor zehn Jahren Cooper und Laing, zwei Antipsychiater. Alles schon älter, in letzter Zeit keine auf-

sehenerregenden Neuigkeiten. Die Entwicklung in Italien ist nicht mehr in der öffentlichen Diskussion. Für die, die »drinnen« arbeiten, gibt es Kongresse, Veröffentlichungen, neue Theorien, aber wenig dringt nach außen.
Viele KollegInnen aus meinem Bekanntenkreis haben inzwischen Therapieausbildungen.
Warum gibt es kaum Therapieangebote für PsychotikerInnen? Diejenigen, die soviel Hilfe nötig haben, bekommen so wenig Angebote, werden von der Psychiatrie verwaltet. Für mich gehört auch das mit zur Ausgrenzung. Ich wünsche mir, die Psychotherapie und die psychiatrische Arbeit verbinden zu können. Im Moment ist es nicht möglich, aber ich hoffe, später.

25
Die Angst, selbst verrückt zu werden

Oktober 87

Katja sagt in ihrem Brief zu meiner Arbeit: »... es ist alles so nah, was mich sonst aus der Entfernung anzieht, interessiert und gleichzeitig abstößt, angst macht. Was immer mitspielt, die Angst, selbst verrückt zu werden, zu sein.«
Ob ich das auch kenne, hat sie gefragt.
»Nein.« Später fiel mir ein, daß ich vor langer Zeit darüber nachgedacht hatte, und ich las in meinem Tagebuch: »Ich habe Angst, ich bin schizophren.« Das erste Tagebuch, vor zwölf Jahren. »Was spricht für Schizophrenie?« steht dort, ganz kühl. Und dann: »Was spricht dagegen?« Als Antwort: »Krankheitseinsicht.« Na ja, also auch bei mir, die Angst, verrückt zu werden.
Ich hatte es vergessen. Als ich in der Psychiatrie gearbeitet habe, fühlte ich mich emotional verwandt mit den PatientInnen, verbunden auch, aber es war ganz deutlich, daß ich nicht verrückt bin. Ich bin Ärztin, ich bin klar mit meinen Gedanken, ich bin draußen, ihr seid drinnen. Die Ängste meiner Freundinnen konnte ich nicht so recht nachvollziehen.
Nora wollte mich nicht besuchen, weil die Psychiatrie für sie voller Schrecken war. Auch sie hatte Angst, einmal als Patientin dort zu landen. Ein einziges Mal kam sie, als ich Wochenenddienst hatte. Ich erzählte ihr von einem Telefonanruf, in dem mir berichtet wurde, daß eine Patientin sich mit einer Scherbe die Pulsadern geratscht habe. Nora regte sich viel mehr auf als ich. Ich war damit beschäftigt, die Patientin zu untersuchen, festzustellen, daß sie zwar blutete, aber nicht gefährlich verletzt war, daß die Wunde ge-

näht werden mußte. Ich schrieb einen Überweisungsbrief für die chirurgische Abteilung. Ein bißchen Zeit blieb dafür, mit der Patientin zu sprechen; ich stellte fest, daß es ihr weniger darum ging, sich das Leben zu nehmen, als darum, sich selbst zu verletzen. Sie hatte es schon häufiger gemacht, beide Arme waren voller Narben. Ich veranlaßte, daß sie später auf einer gut »überwachten« Station die Nacht verbrachte.

Dann kehrte ich in mein Dienstzimmer zu Nora zurück, die sehr nervös war und sich Sorgen machte – um mich und um die unbekannte Patientin. Es war ein dunkler Vorweihnachtstag. Unser Gespräch wurde immer wieder unterbrochen von Telefonanrufen. »Frau Reiser hat hohen Blutdruck, was können wir ihr geben?« »Frau Gebhard ist unruhig, sie hat früher öfter Haldol bekommen, das hat immer geholfen.« »Herr Meier ist vom Ausgang nicht zurückgekehrt, sollen wir eine Fahndung einleiten?« Das blieb das einzige Mal, daß Nora mich besuchte.

Zu der Angst, verrückt zu werden, fällt mir noch eine andere Situation ein. Ich hatte ein Vierteljahr in Griechenland gelebt. Als ich nach Deutschland zurückkehrte, fühlte ich mich fremd, manchmal auch traurig. Eine Freundin schenkte mir zur Wiederankunft das Buch von Gabriele Wohmann »Ach, wie gut, daß niemand weiß«.

Es handelt davon, daß eine Psychotherapeutin in die Psychose abgleitet. Ich las es an einem See, allein. Als ich mit der letzten Seite fertig war, kamen mir die Umgebung, auch die Menschen noch fremder vor als vorher. Ich spürte, so könnte es sein, verrückt zu werden. Die Frau in Gabriele Wohmanns Buch kam nicht damit zurecht, in einer neuen Stadt zu leben, konnte die Situation aber auch nicht verändern. Bei mir tauchte dies Gefühl an zwei Tagen mehrere Male auf, dann legte es sich wieder.

Ein oder zwei Jahre vorher hatte ich einen Traum, in dem eine Blume mit mir sprach und in dem ich genau spürte, »so ist es, psychotisch zu sein«. Es war ein luzider Traum, d. h. ein Traum in einem Zustand, in dem ein Teil des Bewußtseins klar ist und registriert, was im Traum passiert, das Geschehen auch beeinflussen kann. Dem Gespräch mit der Blume war im Traum ein bedrohliches Ereignis vorausgegangen, ein Mann, der wie ein Maikäfer flog und beschossen wurde. So ähnlich stelle ich mir eine »Wahnstimmung« vor.

Christine, mit der ich zusammengewohnt habe, wollte von der Psychiatrie nichts hören. Sie sagte ganz klar, das sei ihr zu viel, sie könne es nicht ertragen. Damals habe ich ihr nicht widersprochen. Nachträglich macht es mich wütend, diese Supersensibilität, als wenn das Elend dadurch weniger wird, daß sie nichts davon hören will.

Aber Christine spürte sie auch, diese Angst, »auszuklinken«. Als ich ihr einmal eine Postkarte von van Gogh geschenkt habe mit einem Gruß, machte sie mir den Vorwurf, ich wolle damit andeuten, sie werde auch wie van Gogh verrückt. Hat diese Angst vor meiner Karte damit zu tun, daß ich Psychiaterin bin, daß sie daran etwas Bedrohliches empfindet? In mir war kein Gedanke daran, daß es ihr jemals ähnlich wie van Gogh ergehen könnte.

Susanne ist auch Ärztin. Sie hat in einem unserer ersten Gespräche über dieses Thema von dem Besuch einer psychiatrischen Klinik während des Studiums erzählt. Ihr sei schlecht geworden und sie habe sich geekelt. Sie hat das zwar ganz selbstkritisch gesehen, aber auch gesagt, das sei für sie keine »richtige« Medizin. Ich war verletzt über die Ablehnung meiner Arbeit.

Später hat sie Tanzunterricht für die PatientInnen auf der A 3 und der B 9 gegeben, dadurch haben sich ihre Gefühle geändert. Sie hat oft Geschichten davon erzählt, wie sie mit den Patienten getanzt hat und wie sie langsam einige von ihren Eigenarten und Schrullen kennengelernt und akzeptiert hat. Mit ihr konnte ich dann gut über meine Arbeit sprechen.

In vielen anderen Gesprächen bekomme ich eher die Kritik

an der Psychiatrie zu spüren: »Psychoknäste«, »die totale Institution«, »alle werden vollgestopft mit Medikamenten«. Einen Teil der Kritik akzeptiere ich, bei einem anderen Teil sehe ich Unkenntnis, Abwehr, Verdrängung, und ich bin ärgerlich und getroffen davon.

Ein Frauenfest. Ich treffe Regina, wir begegnen uns das erste Mal, sind interessiert aneinander. Wir sprechen über unsere Arbeit. Zunächst fragt sie mich nach einer neurologischen Krankheit, an der der Vater ihres Freundes leidet. Ich bemühe mich, ihr die Zusammenhänge zu erklären, es ist eine unkomplizierte und angenehme Atmosphäre.

Dann sprechen wir über die Psychiatrie. Regina beschreibt ausführlich, wie ein Freund von ihr, der psychotisch geworden sei, auf der Station gelitten habe, wie er schlecht und inkompetent, nämlich nur mit Medikamenten von den Ärzten dort behandelt worden sei. Ich höre ihr zu, kann an manchen Punkten nicht völlig Distanz wahren, versuche, einiges zu relativieren, einen Weg zu finden, ihre Kritik zu hören und mich nicht persönlich angegriffen zu fühlen. Dann wechselt sie plötzlich die Ebene und spricht mich auf die Selbstmordgedanken ihrer Schwester, einer Freundin von mir, an. Sie möchte eine psychiatrische Auskunft über eine gemeinsame Vertraute. Ich kann noch sagen, daß ich nicht darüber reden möchte, aber die Magenschmerzen sind schon da, Überanstrengung, Mißverständnisse.

Gespräche mit anderen sind öfter in dieser Art verlaufen. Bei körperlichen Erkrankungen gibt es weniger Probleme, meine Kompetenz wird anerkannt und manchmal bewundert. Wenn die Psychiatrie angesprochen wird, wird es schwierig. Später habe ich solche Themen vermieden und habe manchmal im Urlaub gesagt, ich sei Goldschmiedin.

26
Advent, Advent

Dezember 87

In zwei Wochen ist Weihnachten. Ich freue mich schon darauf. Ich mag die Atmosphäre jetzt in der Adventszeit mit Kerzen, Gebäck, Glühwein und der frühen Dunkelheit am Nachmittag.
Weihnachten, ein immer wiederkehrendes, ein »chronisches« Fest. Ich versuche gerade, mich an unsere Feiern zu Hause zu erinnern. Einzelne Erlebnisse fallen mir ein – damals, als wir das letzte Mal bei den Großeltern waren oder als wir alle Elektrogeräte wie Eierkocher und Zitronenpressen geschenkt bekamen. Aber die Rituale blieben gleich. Erst wurde der Baum geschmückt, dann konnten wir hereinkommen, dann wurde gesungen, es gab die Geschenke und anschließend das Abendessen.
Für die Patientinnen findet Heiligabend nicht statt, es wird einige Tage vorher eine Weihnachtsfeier veranstaltet.
Inge und mir fällt es schwer, die Erinnerungen von den drei Feiern, die wir miterlebt haben, zu trennen. Im ersten Jahr waren wir beide traurig. Inge ist ins Schwesternzimmer gegangen und hat geweint, ich habe mühsam meine Tränen bekämpft.
Vor der Feier war viel Hektik. Es war der 21. oder 22., der Tag richtete sich nach dem Dienstplan der Schwestern, es war für sie viel Arbeit. Die Tische standen in einer langen Reihe für alle 45 Frauen. Tisch decken, Kaffee kochen, die letzten Geschenke einpacken, die Liederbücher suchen, Geschichten zum Vorlesen, ein paar Tannenzweige auf den Tisch legen, rote Servietten, den Stollen und den Kuchen

dekorieren. Eine ziemlich hektische Atmosphäre, den Schwestern blieb keine Zeit für traurige Gefühle.
Zuerst wurden einige Lieder gesungen. Inge und ich trauten uns nicht recht, aber Frau Ingvers gab mit lauter, klarer Stimme den Ton an und wußte fast alle Texte. Nach und nach setzten sich die Schwestern, manche auch ohne Kittel, mit in die Runde. Eine andere schizophrene Patientin verblüffte mit ihrer tiefen getragenen Stimme und damit, wie gut und flüssig sie singen konnte. Sie sprach sonst kaum einen zusammenhängenden Satz.
Ihr Kinderlein kommet, Alle Jahre wieder, Oh, du fröhliche, Stille Nacht, Vom Himmel hoch, Süßer die Glocken nie klingen, O Tannenbaum. Die altbekannten Lieder, die wir auch gesungen haben.
Ein Teil der Frauen saß still dabei, einige mit Tränen in den Augen. Weihnachten, das Fest der Familie, die eigene Einsamkeit wird besonders deutlich.
Nach den Liedern gab es Kaffee und Kuchen. Die ersten Frauen waren schon fertig mit dem Essen, als die letzten ihren Kuchen gerade bekamen.
Dann verteilte eine Schwester die Geschenke. Sie wurden von dem eigenen Geld der Patientinnen gekauft, wer sollte sie auch sonst bezahlen. Für 45 Frauen etwas auszusuchen, war schwierig. Die Auswahl richtete sich nach den Finanzen und nach den Sympathien. Manche bekamen eine schöne Halskette oder einen Pullover, häufiger wurde jedoch Duschgel, Badesalz oder Deo gekauft. Merkwürdig, daß so viele Reinigungs- und Waschutensilien verschenkt wurden.
Einige bekamen ein Paket von Verwandten, das sie jetzt auspackten. Danach liefen alle auseinander, um zu rauchen und sich aus der traurigen Stimmung zu lösen.
Im nächsten Jahr haben Inge und ich uns vorgenommen, an Erinnerungen an Weihnachten in der Familie und in der Kindheit anzuknüpfen. Inge hat trotz ihrer Skepsis Weih-

nachten gegenüber Adventsnachmittage vorbereitet, an denen die Frauen bei Kerzenlicht zusammensaßen und von früher erzählten. Manche erinnerten sich mehr an die kleinen Freuden wie Plätzchen oder Stollen, manche mehr an Armut und Krieg.
Ich habe bei der Visite oder in anderen Gesprächen versucht, herauszufinden, zu wem in der Verwandtschaft noch Kontakt bestand oder wieder angeknüpft werden könnte. Geschwister, Cousinen, Nichten – manchmal hatten die Frauen schon jahrelang nichts mehr von ihnen gehört.
Weihnachten, ein Fest des Gebens und Nehmens. Warum sollten nur die Patientinnen beschenkt werden; es ist doch ein unangenehmes Gefühl, nichts geben zu können. Ich habe versucht, anzuregen, eine Karte zu schreiben, ein Lebenszeichen zu geben oder ein Päckchen zu schicken, eine Geste nur, es brauchte ja nicht teuer zu sein.
Für die Schwestern war der Gedanke fremd, ich mußte mich darum bemühen, daß er ernst genommen und in die Tat umgesetzt wurde. Bei den Patientinnen war die Reaktion unterschiedlich, einige begannen zu schreiben, es kam auch eine Antwort, manchmal nach langer Zeit das erste Mal. Einige sagten, sie wollten ihren Angehörigen nichts schenken, Ärger über das Verlassensein wurde deutlich. Manche mußten eine Enttäuschung hinnehmen, wenn keine Reaktion auf das Päckchen kam.

In diesem Jahr werden Inge und ich keine Weihnachtsfeier auf der Station miterleben. Aber wir haben beschlossen, Kuchen zu backen und einige Patientinnen einzuladen.
Schwester Marianne kam mit Frau Taller, Frau Antes und Frau Böttger. Es war anstrengend, Kontakt zu knüpfen. Die Gespräche verliefen etwas schleppend, für uns war es ungewohnt, die Probleme auf der Station zu hören, ohne eingreifen zu können.
Frau Taller hat viel geredet, aber es geht ihr besser als vor

einem Jahr. Sie lebt immer noch auf der A 3, bekommt viele Medikamente. Frau Antes liebt und beschützt Frau Unterdorf, auch von meinem Nachfolger hat sie sich nicht überreden lassen, auf eine andere Station zu gehen. Frau Böttger brachte eine Tafel Schokolade mit und sagte, es sei schade, daß wir nicht mehr dort arbeiteten. Ihr Mund brennt weiter, wenn Gott sie dort berührt.

Frau Verburg konnte nicht mitkommen, weil es ihr weiterhin schlecht geht, ihr Magengeschwür ist noch nicht verheilt.

Schwester Marianne erzählte, daß Frau Warnecke nichts mehr von sich hören läßt, bisher mußte sie nicht zurück in die Klinik. Frau Anger, Frau Clabes und Frau Zingel suchen – allerdings sehr zögernd und mit vielen Zweifeln – eine Wohnung. Frau Ginster will nicht zurück auf die Wohnstation, Resignation und Wutanfälle wechseln häufig.

Schwester Carla, Beate und die Patientinnen der B 9 sind gerade in »ihr« Haus umgezogen, die Stimmung ist ganz gut.

Es war ein anstrengender und trauriger Nachmittag. Wahrscheinlich ist es das letzte Mal, daß wir so etwas machen, der endgültige Abschied.

1989 haben wir – einige Frauen, die sich aus der gemeinsamen Arbeit in der Klinik kennen – zusammen mit anderen einen Verein gegründet, der neue Wohnmöglichkeiten für Patientinnen aus dem Langzeitbereich schaffen will.

1990 können sechs Patientinnen entlassen und von Mitarbeiterinnen des Vereins in zwei Wohngemeinschaften betreut werden.

Ein Anfang ist gemacht.

Ich danke allen Frauen, die es mir ermöglicht haben, dieses Buch zu schreiben – den Patientinnen, die mir Einblick gewährt haben in ihr Leben, den Mitarbeiterinnen auf der Station, die mir Anerkennung für meine Arbeit gegeben haben, und meinen Freundinnen, die das Manuskript gelesen und mich mit Anregungen und Kritik unterstützt haben.

Mein besonderer Dank gilt Inge Henze, mit der ich vieles aus der gemeinsamen Arbeit zur Vorbereitung des Buches besprochen habe. Sie hat durch ihre Mitarbeit an der inhaltlichen Gestaltung wesentlich dazu beigetragen, daß aus einer Idee ein Buch entstanden ist.

Marianne Koerner hat sich besonders in der Anfangszeit intensiv mit dem Manuskript befaßt und mir ihre Erfahrungen mit Veröffentlichungen zur Verfügung gestellt.

Katrin Eschenhagen hat mir sowohl mit inhaltlichen als auch mit formalen Vorschlägen ein großes Stück weitergeholfen.

Andrea Bulla hat es mir durch ihre Wärme und Zuversicht und durch unsere Gespräche über das Buch ermöglicht, auch in schwierigen Situationen weiterzuschreiben.

Dorothea Zähner und Ruth Landreh haben das Manuskript in mehreren Fassungen in den Computer eingegeben und waren geduldig mit allen Korrekturen.

Danken möchte ich auch dem Chefarzt der Klinik für seine Zustimmung zur Veröffentlichung des Manuskriptes.

Die Frau in der Gesellschaft

**Gerhard Amendt
Die bevormundete Frau
oder Die Macht der
Frauenärzte**
Band 3769

**Dagmar Bielstein
Von verrückten Frauen**
Notizen aus der
Psychiatrie
Band 10261

**Margrit Brückner
Die Liebe der Frauen**
Über Weiblichkeit
und Mißhandlung
Band 4708

**Gena Corea
MutterMaschine**
Band 4713

**Colette Dowling
Der Cinderella-Komplex**
Die heimliche Angst
der Frauen vor der
Unabhängigkeit
Band 3068

**Uta Enders-Dragässer/
Claudia Fuchs (Hg.)
Frauensache Schule**
Aus dem deutschen
Schulalltag: Erfahrungen,
Analysen, Alternativen
Band 4733

**Marianne Grabrucker
»Typisch Mädchen …«**
Prägung in den ersten
drei Lebensjahren
Band 3770

**Vom Abenteuer
der Geburt**
Die letzten Land-
hebammen erzählen
Band 4746

**Michaela Huber/
Inge Rehling
Dein ist mein
halbes Herz**
Was Freundinnen
einander bedeuten
Band 4727

**Helge Kotthoff (Hg.)
Das Gelächter
der Geschlechter**
Band 4709

**Ellen Kuzwayo
Mein Leben**
Frauen gegen
Apartheid
Band 4720

**Katja Leyrer
Hilfe! Mein Sohn
wird ein Macker**
Band 4748

**Astrid Matthiae
Vom pfiffigen Peter
und der faden Anna**
Zum kleinen
Unterschied im
Bilderbuch
Band 3768

Fischer Taschenbuch Verlag

Die Frau in der Gesellschaft

Elsbeth Meyer /
Susanne v. Paczensky /
Renate Sadrozinski
»Das hätte nicht noch
mal passieren dürfen!«
Wiederholte Schwangerschaftsabbrüche und
was dahintersteckt
Band 4755

Dorothea Razumovsky
Frauen im Männerstaat Südafrika
Band 3794

Ursula Scheu
Wir werden nicht als
Mädchen geboren – wir
werden dazu gemacht
Zur frühkindlichen
Erziehung in unserer
Gesellschaft
Band 1857

Eva Schindele
Gläserne Gebär-Mütter
Vorgeburtliche
Diagnostik –
Fluch oder Segen
Band 4759

Alice Schwarzer
Der »kleine« Unterschied und seine
großen Folgen
Frauen über sich –
Beginn einer Befreiung
Band 1805

Lynne Segal
Ist die Zukunft
weiblich?
Probleme des
Feminismus heute
Band 4725

Dale Spender
Frauen kommen
nicht vor
Sexismus im
Bildungswesen
Band 3764

Karin Spielhofer
Sanfte Ausbeutung
Lieben zwischen
Mutter und Kind
Band 3759

Senta Trömel-Plötz
Frauensprache –
Sprache der
Veränderung
Band 3725

Senta Trömel-
Plötz (Hg.)
Gewalt durch Sprache
Die Vergewaltigung von
Frauen in Gesprächen
Band 3745

Hedi Wyss
Das rosarote
Mädchenbuch
Ermutigung zu einem
neuen Bewußtsein
Band 1763

Fischer Taschenbuch Verlag

Die Frau in der Gesellschaft

Elisabeth Beck-Gernsheim

Das halbierte Leben
Männerwelt Beruf –
Frauenwelt Familie
Band 3713

Vom Geburtenrückgang zur Neuen Mütterlichkeit?
Band 3754

Mutterwerden –
der Sprung in ein
anderes Leben
Band 4731

Renate Berger (Hg.)
Und ich sehe nichts,
nichts als die Malerei
Autobiographische
Texte von
Künstlerinnen des
18.-20. Jahrhunderts
Band 3722

Gisela Breitling
Der verborgene Eros
Weiblichkeit und
Männlichkeit im Zerrspiegel der Künste
Band 4740

Gisela Breitling
Die Spuren des Schiffs
in den Wellen
Eine autobiographische
Suche nach den Frauen
in der Kunstgeschichte
Band 3780

Gisela
Brinker-Gabler (Hg.)
Deutsche Dichterinnen
vom 16. Jahrhundert
bis zur Gegenwart
Gedichte und Lebensläufe
Band 3701

Susan Brownmiller
Gegen unseren Willen
Vergewaltigung und
Männerherrschaft
Band 3712

Weiblichkeit
Band 4703

Eva Dane / Renate
Schmidt (Hg.)
Frauen & Männer
und Pornographie
Ansichten –
Absichten – Einsichten
Band 10149

Andrea Dworkin
Pornogaphie
Männer beherrschen
Frauen. Band 4730

Richard Fester /
Marie E. P. König /
Doris F. Jonas /
A. David Jonas
Weib und Macht
Fünf Millionen Jahre
Urgeschichte der Frau
Band 3716

Shulamith Firestone
Frauenbefreiung und
sexuelle Revolution
Band 4701

Karin Flothmann /
Jochen Dilling
Vergewaltigung:
Erfahrungen danach
Band 3781

Sylvia Fraser
Meines Vaters Haus
Geschichte eines Inzests
Band 4751

Fischer Taschenbuch Verlag

Die Frau in der Gesellschaft

Nancy Friday
Wie meine Mutter
My Mother my self
Band 3726

Signe Hammer
Töchter und Mütter
Über die Schwierigkeiten einer Beziehung
Band 3705

Nancy M. Henley
Körperstrategien
Geschlecht, Macht und nonverbale Kommunikation
Band 4716

Monika Jonas
Behinderte Kinder – behinderte Mütter?
Die Unzumutbarkeit einer sozial arrangierten Abhängigkeit
Band 4756

Linda Leonard
Töchter und Väter
Heilung einer verletzten Beziehung
Band 4745

Harriet Goldhor Lerner
Wohin mit meiner Wut?
Neue Beziehungsmuster für Frauen. Band 4735

Jean Baker Miller
Die Stärke weiblicher Schwäche
Band 3709

Margarete Mitscherlich
Die friedfertige Frau
Eine psychoanalytische Untersuchung zur Aggression der Geschlechter
Band 4702

Erin Pizzey
Schrei leise
Mißhandlung in der Familie. Band 3404

Penelope Shuttle /
Peter Redgrove
Die weise Wunde
Menstruation
Band 3728

Uta van Steen
Macht war mir nie wichtig
Gespräche mit Journalistinnen
Band 4715

Ingrid Strobl
»Sag nie, du gehst den letzten Weg«
Frauen im bewaffneten Widerstand gegen den Faschismus. Band 4752

Gerda Szepansky
»Blitzmädel«, »Heldenmutter«, »Kriegerwitwe«
Frauenleben im Zweiten Weltkrieg
Band 3700

Frauen leisten Widerstand: 1933–1945
Band 3741

Hanne Tügel / Michael Heilemann (Hg.)
Frauen verändern Vergewaltiger
Band 3795

Fischer Taschenbuch Verlag

Die Frau in der Gesellschaft

**Monika Beckerle
Depression:
Leben mit dem
Gesicht
zur Wand**
Erfahrungen
von Frauen
Band 4726

**Ingeborg Bruns
Als Vater aus dem
Krieg heimkehrte**
Töchter erinnern sich
Band 10300
in Vorbereitung

**Sylvia Conradt /
Kirsten
Heckmann-Janz
»...du heiratest
ja doch!«**
80 Jahre
Schulgeschichte
von Frauen
Band 3761

**Ann Cornelisen
Frauen im Schatten**
Leben in einem
süditalienischen Dorf
Band 3401

**Gaby Franger
Wir haben es uns
anders vorgestellt**
Türkische Frauen
in der Bundesrepublik
Band 3753

**Maria Frisé
Auskünfte über
das Leben zu zweit**
Band 3758

**Marliese Fuhrmann
Zeit der Brennessel**
Geschichte einer
Kindheit
Band 3777

Hexenringe
Dialog mit dem Vater
Band 3790

**Imme de Haen
»Aber die Jüngste war
die Allerschönste«**
Schwesternerfahrungen
und weibliche Rolle
Band 3744

**Helga Häsing
Mutter hat
einen Freund**
Alleinerziehende
Frauen berichten
Band 3742

**Katharina Höcker
Durststrecken**
Zwischen
Abhängigkeit
und Alkohol
Frauen und Alkohol
Band 4717

Fischer Taschenbuch Verlag

fi 404 / 7a